Josef F. Justen

Niemand stirbt allein

Die 5 Sterbephasen, Sterbebett-Visionen und Begleitung Sterbender

*Das Nahen des Todes und auch der Tod selbst,
die Auflösung des physischen Körpers,
sind immer eine große Möglichkeit
für spirituelles Erwachen.
Leider wird diese Chance
in den meisten Fällen verpasst,
weil wir in einer Kultur leben,
die vom Tod fast kein Verständnis hat.*

Eckhart Tolle

Wir möchten ausdrücklich darauf hinweisen, dass sich vieles von dem, was in den Kapiteln 2 und 3 dieses Büchleins geschrieben wurde, bereits in unserem Buch *»Blick hinter die Schwelle des Todes«* findet, in dem der eindeutige Schwerpunkt auf dem Thema »Nahtod-Erfahrungen« liegt.

Bibliografische Information der Deutschen Nationalbibliothek:
Die Deutsche Nationalbibliothek verzeichnet diese Publikation
in der Deutschen Nationalbibliografie; detaillierte bibliografische
Daten sind im Internet über dnb.dnb.de abrufbar.

Titelfoto: © Fotos auf pixabay

Verlag: BoD · Books on Demand GmbH,
In de Tarpen 42, 22848 Norderstedt, bod@bod.de

Druck: Libri Plureos GmbH, Friedensallee 273,
22763 Hamburg

ISBN: 978-3-7693-8871-8

Inhaltsverzeichnis

Vorwort

D as Thema »Sterben und Tod« ist in unserem Kulturkreis etwa seit Mitte des letzten Jahrhunderts allmählich und schleichend tabuisiert worden. Diesen Trend konnte auch die sehr begrüßenswerte Hospizbewegung, die sich in den 1980er Jahren zu verbreiten begann, nicht aufhalten.

Die meisten Menschen sprechen nicht gern über den Tod. Vielmehr versucht man heute alles zu verdrängen, was mit diesem existentiellen Thema zu tun hat. Manche Menschen scheinen geradezu nach dem Motto zu verfahren, dass der Tod sie nicht ereilen könne, wenn man ihm nur keinen gedanklichen Raum gibt. Zu groß ist wohl ihre Angst vor dem Sterben und dem vermeintlichen oder möglichen ›Nichts‹, in das sie anschließend fallen könnten.

Psychologen sprechen gerne von der »Urangst vor dem Tod«. Diese Formulierung suggeriert, dass die Menschen schon immer diese Angst gehabt hätten, dass sie quasi so alt wie die Menschheit selber wäre. Das entspricht aber *nicht* den Tatsachen.

Während es heute nur verschwindend wenige Menschen gibt, die hellsichtig sind, gehörte es in ganz alten Zeiten, die bereits etliche Jahrtausende zurückliegen, zu den ganz *natürlichen* Fähigkeiten eines Menschen, hellsichtig in die übersinnlichen Welten schauen zu können. Die geistigen Wesen – etwa die Engel, aber auch die Seelen der Verstorbenen – waren für sie genauso real wie es ihre Mitmenschen waren. Bis vor etwa 2.000 Jahren waren etliche Menschen zumindest noch mit einer instinktiven und mehr traumhaften Hellsichtigkeit begabt. Selbst im Mittelalter war diese Fähigkeit ganz vereinzelt noch vorhanden. Daher wären die Menschen früherer Zeiten gar nicht erst auf die Idee gekommen, den Tod als einen *radikalen* Übergang von einer Daseinsform in eine andere und schon gar nicht als ein Ende ihrer Existenz aufzufassen. Sie hatten noch ein deutliches Bewusstsein, dass sie vor ihrer Geburt aus einer geistigen Welt herabgestiegen waren, in die sie nach dem Tod wieder hinaufsteigen werden. Das vorgeburtliche, das irdische und das nachtodliche Dasein war für sie *ein* großer gemeinsamer Lebensstrom. Diese Fähigkeit und dieses Bewusstsein mussten die Menschen nach und nach verlieren, um sich von der straffen Führung der ›Götter‹, derer sie einstmals bedurften, zu lösen. Nur so konnten sie ihr Erdenleben mehr und mehr ergreifen lernen und zu selbständig denkenden und frei handelnden Wesen werden.

Bis in die 1950er Jahre hatten die meisten Menschen noch eine recht natürliche und unverkrampfte Einstellung zum Tod. Es galt als eine Selbstverständlichkeit, dass ein Verstorbener, der daheim gestorben war, bis zur Beerdigung im Sterbehaus aufgebahrt wurde, so dass sich Verwandte, Freunde und Nachbarn von ihm in Ruhe und Würde verabschieden konnten. Am offenen Sarg wurde gebetet und aus der Bibel vorgelesen. Zumindest ahnten die Menschen noch instinktiv, dass diese Form des Abschiednehmens und Gedenkens auch für den Toten eine große Bedeutung hat. Heute ist es der Normalfall, dass der Leichnam gleich vom Bestatter abgeholt und in eine kalte und anonyme Leichenhalle gebracht wird. Mit dem Tod und auch mit den Toten möchte man nichts zu tun haben.

Warum hatte man diese Angst früher nicht?

In ganz alten Zeiten hatte man sie nicht, weil man noch eine ganz *lebendige Anschauung* von dem hatte, was nach dem Tod geschieht. Man *wusste*, dass der Lebensstrom in der geistigen Welt fortgesetzt wird. Insbesondere war den Menschen bewusst, dass sie sich nach geraumer Zeit wieder auf der Erde verkörpern werden.

Bis noch in die 1950er Jahre hatte man diese Angst nicht, weil die überwiegende Mehrheit der damaligen Menschen noch fest daran *glaubte*, dass es ein Leben nach dem Tod gibt. Natürlich wurden sie von den Kirchen im Ungewissen gehalten, was sie nach dem Tod *genau* erwarten würde. Allerdings konnten sie den kirchlichen Lehren entnehmen, dass es ihnen nach dem Tod zumindest nicht schlecht ergehen würde, sofern sie ein anständiges und gottgefälliges Leben geführt haben, was im Grunde bedeutete, wenn sie das gemacht haben, was die Kirche ihnen vorschrieb. Diese Hoffnung auf ein Leben im ›Himmel‹ sorgte dafür, dass sie den Tod nicht fürchteten.

Wie schaut das heute aus?

Heute hat die Ideologie des Materialismus weite Teile der Gesellschaft derart verseucht, dass man nur bereit ist, an das zu glauben, was man selbst mit den eigenen Sinnen wahrnehmen und erkennen kann und was die Wissenschaftler erforschen und erklären können. Alles, was geistiger Natur ist und sich der Wahrnehmung mit den üblichen Sinnen entzieht, also geistige Welten und Wesen, verweist man ins Reich der Fabeln. Damit gleichen diese Menschen einem Blindgeborenen, der Licht und Farben für eine Illusion hält. Als eine Folge dieser materialistischen Gesinnung nimmt – namentlich in der westlichen Welt – die Anzahl der Menschen stetig zu, die davon ausgehen, dass die menschliche Existenz mit dem Tode ein unwiderrufliches Ende fände. Gemäß einiger Umfragen aus den letzten Jahren ist ein Drittel der Deutschen davon überzeugt, dass es *kein* Leben nach dem Tod gebe. Ein Drittel hält ein nachtodliches Leben zumindest für möglich, nur ein Drittel glaubt fest daran. Selbst unter den Katholiken sind es lediglich etwas mehr als 50 Prozent, die von einem Leben nach dem Tod *überzeugt* sind.

Aber auch unter den Zeitgenossen, die sehr wohl an ein Leben nach dem Tod glauben, kursieren noch etliche Irrtümer über das, was ein Verstorbener in den übersinnlichen Welten erlebt, was da auf ihn zukommt und was er dort durchzumachen hat.

Eine fundamentale irrige Ansicht, auf der viele andere basieren, ist, dass man glaubt, über das Leben nach dem Tod könne man nichts wissen. »Es ist schließlich noch keiner zurückgekommen« kann man in diesem Kontext immer wieder hören.

Die Wissenschaftler befassten sich lange Zeit nicht mit diesem Thema.

Die wohl namhafteste und bedeutendste Persönlichkeit aus dem Kreis der Wissenschaftler, die schon Ende der 1960er Jahre dieses Tabu brach, war die in Zürich geborene Ärztin Dr. Elisabeth Kübler-Ross (1926 bis 2004). Sie ›wagte‹ es, sich an die Betten Tausender Sterbender zu setzen, sie mit größter Liebe zu begleiten, mit ihnen zu reden und den Sterbeprozess zu studieren. Daraus entstand im Laufe der Zeit eine Sterbeforschung, die höchsten wissenschaftlichen Anforderungen genügt.

Dr. Kübler-Ross wurde einige Jahre später eine weltweit anerkannte Expertin auf dem Gebiet der Sterbe- und Nahtod-Forschung. Man wird auf der ganzen Welt kaum eine zweite Wissenschaftlerin finden, der ebenso viele Ehrendoktortitel verliehen wurden wie ihr.

Aufgrund ihrer jahrelangen Forschungen kam sie zu dem Ergebnis, dass man den Sterbeprozess von Menschen, die beispielsweise wegen einer unheilbaren Krankheit auf den Tod ›zugehen‹, in *fünf Phasen* unterteilen könne. Dieses Phasen-Modell veröffentlichte sie in ihrem 1971 erstmals in Deutschland erschienenen Buch *»Interviews mit Sterbenden«*.
Diese fünf Sterbephasen werden wir in Kapitel 1 thematisieren.

Die meisten Menschen, die schon viele Patienten an der Schwelle des Todes begleitet haben, werden bestätigen, dass sie bei ihnen in den letzten Stunden und Tagen vor dem Schwellenübertritt ganz besondere und zum Teil höchst mysteriöse Beobachtungen gemacht haben. Die Sterbenden hatten offensichtlich ganz außergewöhnliche Erlebnisse und Wahrnehmungen, für die die äußere Wissenschaft keine Erklärung findet. Man spricht hier von »Sterbeerlebnissen« oder »Sterbebett-Visionen«. Darüber werden wir in Kapitel 2 schreiben (☞ S. 22ff.).

In Kapitel 3 (☞ S. 45ff.) werden wir erläutern, wie diese Phänomene aus spiritueller Sicht zu erklären sind. Ein Verständnis für die fünf Phasen des Sterbeprozesses sowie die Sterbebett-Visionen und ihre Erklärung kann allen Menschen, die Sterbende begleiten, eine große Hilfe sein.

In Kapitel 4 (☞ S. 74ff.) werden wir noch einige insbesondere aus spiritueller Warte wichtige Aspekte im Rahmen des Sterbeprozesses betrachten. Außerdem werden wir besondere Empfehlungen für die Begleitung Sterbender geben.

Anmerkungen:

»Alle Zitate sind kursiv gedruckt.«

 »Berichte von Sterbebett-Visionen sind nach rechts eingerückt.«

»Berichte von Nahtod-Erlebnissen sind nach links eingerückt.«

Kapitel 1

Die fünf Sterbephasen und der Schwellenübergang

*I*n diesem Kapitel wollen wir insbesondere erörtern, in welche *fünf Phasen* sich der Sterbeprozess eines Menschen gliedern lässt. Diese Phasen werden wir näher erläutern.

Des Weiteren werden wir über den Augenblick, in welchem der Tod eintritt, schildern.

1.1 Die fünf Sterbephasen

Wie wir bereits im Vorwort erwähnt haben, geht das Modell, das den Sterbeprozess eines Menschen in fünf Phasen oder Etappen unterteilt, auf Dr. Elisabeth Kübler-Ross zurück. Ihre diesbezüglichen Forschungsergebnisse werden auch von heutigen Sterbeforschern weitgehend geteilt.

Es versteht sich von selbst, dass dieses Modell keine Anwendung finden kann, wenn ein Mensch *ganz plötzlich* stirbt, wie das bei einem tödlichen Unfall oder Mord der Fall ist oder etwa bei einem Schlaganfall oder Herzinfarkt möglich ist.

1.1.1 1. Phase: »Nicht-Wahrhaben-Wollen«

Diese erste Phase beginnt in vielen Fällen, sobald der Patient eine ärztliche Diagnose mit ungünstiger Prognose erhält. Als ein typisches Beispiel kann man daran denken, dass bei ihm eine Krebserkrankung festgestellt wurde und der Arzt ihm mitteilt, dass eine Heilung nicht zu erwarten sei. Somit *kann* diese Phase bereits Monate – vielleicht sogar ein, zwei Jahre – vor dem Tod einsetzen.

Wohl jeder, der eine so niederschmetternde Prognose erhält, wird zunächst in einem Schockzustand sein. Insbesondere wenn er noch in einem jungen oder mittleren Lebensalter ist, will er es nicht wahrhaben, dass sich sein Leben schon dem Ende zuneigt. Er versucht, seinen bevorstehenden Tod zu verdrängen, was eine Zeit lang auch gelingen mag.

Viele klammern sich an den Strohhalm, dass ihr Arzt sich geirrt haben könnte und suchen nun andere Ärzte auf, die ihnen mehr Hoffnung machen können. Wenn auch diese Hoffnung stirbt, machen sich die Patienten bisweilen selbst Mut, indem sie sich etwa sagen: »Ich werde gegen diese Krankheit ankämpfen und sie besiegen!«

Sofern der Patient noch über die entsprechenden Kräfte verfügt, wird er sein normales Leben fortsetzen, wie wenn er diese todbringende Krankheit gar nicht hätte.

Diese Phase kann insbesondere bei Patienten, die sich noch ›gesund‹ und kräftig fühlen, sehr lange andauern. Das Gleiche gilt für jüngere Patienten, die noch viele Ziele und Pläne haben.

****

Selbstredend beginnt jetzt auch für die Angehörigen eine schwere Zeit. Für die meisten ist es ebenfalls ein Schock, dass ihrem geliebten Familienmitglied keine Heilung mehr in Aussicht gestellt werden kann. Das müssen sie zunächst einmal selbst verarbeiten. Sie müssen sich die Situation bewusst machen, ohne sich illusorischen Hoffnungen hinzugeben. Dennoch sollten in dieser Zeit nicht ihre Sorgen und ihr Leid im Vordergrund stehen, sondern die des Patienten. Es geht jetzt um den Kranken – selbst dann, wenn er dem äußeren Anschein nach noch nicht den Eindruck eines Sterbenden vermittelt.

Für die Angehörigen bzw. Begleiter handelt es sich in dieser Phase um eine regelrechte Gratwanderung.

Auf der einen Seite wäre es fatal, wenn sie den Patienten mit harschen Worten jäh seiner Hoffnungen berauben würden. Auf der anderen Seite wäre es kontraproduktiv, ihn in seinen Hoffnungen zu bestärken und ihm zu sagen, dass schon alles gut werde. Sie sollten das mögliche Bestreben des Patienten, die Lage zu verdrängen, *nicht* unterstützen. Sie sollten viel Zeit mit ihm verbringen. Mit viel Feingefühl und Empathie sollten sie es in liebevollen Gesprächen dem Patienten ermöglichen, eines Tages seine Situation realistisch einschätzen und sich von utopischen Hoffnungen lösen zu können.

1.1.2 2. Phase: »Zorn«

Die zweite Phase *kann* schon kurze Zeit, nachdem der Patient die negative Prognose erhalten hat, beginnen. Sie kann aber auch erst deutlich später einsetzen. Oftmals vermischen sich die Charakteristika der beiden ersten Phasen.

Typisch für diese Phase ist, dass bei dem Patienten Emotionen wie Wut und Zorn aufbrausen. Er ist wütend, dass ausgerechnet er dieses Schicksal hat. Seine Wut richtet sich gegen Gott und die Welt. Er ist im Extremfall auf alle gesunden Menschen wütend. Auch werden jetzt häufig ›Warum-Fragen‹ formuliert: »Warum hat es gerade mich erwischt?«, »Warum muss ausgerechnet ich schon sterben?«

Oftmals kommt es auch zu Schuldzuweisungen. So unterstellt er beispielsweise seinem Arzt, ihn im Vorfeld nicht richtig behandelt zu haben.

Die Menschen, die ihn begleiten, können ihm nichts recht machen. Er hat an allem, was sie machen, etwas auszusetzen. Im Extremfall schimpft und nörgelt er dauernd rum.

****

Für die Angehörigen kann das sehr belastend sein. Insbesondere für den Ehepartner kann es sehr verstörend sein, wenn er von dem Patienten, der immer sehr liebevoll war, plötzlich dauernd kritisiert oder gar beschimpft wird.

Nun ist es sehr wichtig, dieses unflätige Verhalten, diese Wutausbrüche, das Beschimpfen und die Anschuldigungen, die meistens völlig unberechtigt sind, nicht persönlich zu nehmen, was gewiss nicht immer leicht ist. Man sollte akzeptieren, dass es für viele Patienten einen notwendigen Teil des Verarbeitungsprozesses darstellt.

Als Begleiter sollte man sich dennoch nicht von dem Patienten abwenden. Allerdings ist es wichtig, sich selbst zu schützen. Die Anschuldigungen und Klagen, die wenigstens bis zu einem gewissen Grad berechtigt sein mögen, sollten geduldig angehört und ernst genommen werden. Dabei sollte man sich aber so weit abgrenzen, dass die Reaktionen nicht unerträglich werden.

1.1.3   3. Phase: »Verhandeln«

Die dritte Phase ist von dem Wunsch des Patienten geprägt, dass der Tod, den er jetzt als unvermeidlich erkannt hat, nicht so schnell eintreten möge. Er erhofft sich Aufschub. Er möchte das Unausweichliche hinauszögern. Er möchte vielleicht noch unbedingt eine anstehende Familienfeier, etwa die geplante Hochzeit seines Sohnes oder die Geburt eines Enkelkindes, oder irgendein anderes Ereignis, auf das er schon lange hingefiebert hat, erleben.

Um dieses Ziel zu erreichen, beginnt er zu verhandeln. Oftmals verhandelt er mit sich selbst, indem er sich etwa sagt: »Wenn ich dieses Ereignis noch erlebe, dann werde ich mich in mein Schicksal fügen« oder »Wenn ich doch noch nicht so bald sterben muss, werde ich gesünder leben und ein besserer Mensch zu werden versuchen.«

Patienten, die gläubig sind, verhandeln auch gern mit Gott, dem sie gewissermaßen einen meist sonderbaren Pakt anbieten: »Wenn ich noch wenigsten ein paar Monate lebe, werde ich von nun an jeden Tag beten« oder »Wenn ich doch noch gesund werden sollte, werde ich jeden Sonntag in die Kirche gehen.« Überhaupt ›entdecken‹ viele jetzt wieder ihre Religion, an der sie schon seit Jahren kein Interesse mehr zeigten.

Auch ist es möglich, dass sie völlig unrealistische Wünsche oder Pläne äußern. Vielleicht sprechen sie jetzt von einer großen Urlaubsreise, die sie im nächsten Sommer antreten wollen.

Diese dritte Phase dauert meistens nur sehr kurze Zeit.

✳✳✳✳✳✳✳✳✳✳✳✳✳✳✳✳✳✳✳✳✳✳

Auch in dieser Phase ist von den Angehörigen und Begleitern viel Feingefühl gefordert.

Wie fast immer sind Extreme kontraproduktiv. So sollte man dem Sterbenden einerseits seine Hoffnungen – so unrealistisch diese auch immer sein mögen – nicht *völlig* nehmen. Andererseits sollte man ihn auch nicht zu sehr darin bestärken. Insbesondere dürfen nicht noch zusätzliche falsche Hoffnungen geweckt werden.

Man sollte versuchen, den Patienten sachlich, aber liebevoll über seine Situation aufzuklären und ihm anbieten, den schweren Weg mit ihm gemeinsam zu gehen.

1.1.4   4. Phase: »Depression«

Wenn der Patient eines Tages realisiert hat, dass er dem Tod nicht mehr von der Schippe springen kann und dass auch die Bitten und Verhandlungen um Aufschub nicht zielführend sind, beginnt die vierte Phase.

Jetzt, da dem Patienten so *richtig* bewusst wird, dass seine Tage auf der Erde gezählt sind, können insbesondere große Ängste, die er bisher verdrängt hat, auftreten. Bei vielen wird es die Angst vor dem sein, was nach dem Tod passiert. Sofern der Patient materialistisch gesinnt ist, wird ihn die quälende Angst, dass der Tod vermeintlich seine Existenz auslöscht und dass er somit in ein großes ›Nichts‹ fällt, überkommen. Sofern er zwar an ein Leben nach dem Tod glaubt, sich aber nie damit befasst hat, was danach geschieht, wird in ihm die Furcht vor dem Ungewissen aufkeimen.

Freilich kann es auch zu einer großen Trauer kommen, dass er seine Liebsten bald verlassen muss, dass er nicht mehr miterleben kann, wie sein Kinder oder Enkel aufwachsen usw. Darüber hinaus trauert er auch all den Möglichkeiten und Chancen nach, die er in seinem Leben verpasst hat.

Selbst bei Patienten, die bisher nie auch nur die geringsten Anwandlungen einer depressiven Stimmung kannten, kann sich das alles jetzt zu einer tiefen Depression ausweiten. An irgendwelchen Therapien, die möglicherweise noch eine gewisse Linderung bringen *könnten*, zeigt er jetzt kein Interesse mehr.

In dieser Phase haben viele Patienten einen sehr großen Redebedarf. Selbst jemand, der ansonsten ein eher schweigsamer Mensch war, nutzt jetzt jede Gelegenheit, sich anderen mitzuteilen. Darüber werden wir noch in Kapitel 4 Näheres schildern (☞ S. 74f.).

Oftmals geht diese Phase mit der beginnenden Bettlägerigkeit einher.

****

Für die Begleiter ist es sehr wichtig, dem Todkranken zuzuhören, wenngleich das bisweilen viel Geduld erfordert.

Man sollte diese Phase auch nutzen, um mit ihm noch die ›letzten Dinge‹ zu regeln. Hierbei ist beispielsweise an ein Testament oder eine Patientenverfügung, in der festgelegt wird, welche potentiellen lebensverlängernden Maßnahmen er wünscht oder ablehnt, zu denken. Noch besteht für die Angehörigen die Möglichkeit, Wichtiges von ihm zu erfahren, was ansonsten unwiederbringlich verloren wäre. Sofern er dafür offen ist, sollte man ihn jetzt auch fragen, welche Wünsche er für seine Beisetzung hat. Freilich wäre es ratsam, solche Fragen schon beizeiten, also in gesunden Tagen, im Familienkreis zu klären.

Des Weiteren sollte man den Sterbenden fragen, ob er noch den Besuch bestimmter Menschen wünscht, mit denen er vielleicht etwas klären möchte. Darauf werden wir in Kapitel 4 (☞ S. 75f.) näher eingehen. Vielleicht ist es ihm auch ein Bedürfnis, sich noch einen kleinen letzten Wunsch zu erfüllen.

1.1.5   5. Phase: »Akzeptanz«

Irgendwann kommen die wohl meisten Sterbenden in eine Phase, in der sie ihr Schicksal annehmen und akzeptieren können. Im günstigsten Fall sind sie dann mit sich im Reinen.

In dieser fünften und letzten Phase sind sie in den meisten Fällen ans Krankenbett gebunden und bedürfen der intensiven Pflege. Die Dauer dieser finalen Phase ist ganz wesentlich von der Art der Erkrankung, aber auch von der physiologischen Konstitution sowie der Stärke des im Unterbewussten wirkenden Lebenswillen des Sterbenden abhängig. Daher kann sie stark variieren – von wenigen Tagen bis hin zu mehreren Monaten.

Die meisten Sterbenden ziehen sich jetzt immer mehr in sich zurück. Sie koppeln sich ganz von ihrer Umwelt ab. Ihre Aufmerksamkeit ist ganz nach innen gerichtet. Sie sehen dem Tod gelassen entgegen. Das Bedürfnis nach Gesprächen und der Wunsch nach Besuch nehmen meistens drastisch ab.

Viele Menschen, die schon seit geraumer Zeit auf den Tod zuleben, haben ein feines Gespür dafür, wann sie diese Welt zu verlassen haben. Sie fühlen – natürlich mehr unbewusst –, dass es nur noch wenige Tage oder gar nur noch Stunden dauern wird.
  Der Sterbende zeigt nun kein Interesse mehr für irgendwelche banalen, alltäglichen Angelegenheiten. Zu sehr ist er in dieser Phase mit sich selbst sowie den neuen Eindrücken und Wahrnehmungen, die er jetzt schon haben kann, beschäftigt.

****

Sofern der Patient noch daheim in seiner gewohnten Umgebung von seinen Familienmitgliedern versorgt und betreut werden kann, ist spätestens jetzt der Zeitpunkt gekommen, dass die Angehörigen Unterstützung brauchen, um nicht überfordert zu werden. Falls es im Familien- und Freundeskreis niemanden gibt, der jetzt helfend eingreifen kann, sollte man sich an den örtlichen Hospizverein wenden, der die Familie auf vielen Ebenen unterstützen kann.

Dass in dieser Phase der Wunsch nach Gesprächen abnimmt, darf von den Angehörigen nicht als Ablehnung missverstanden werden.

Wenn der Sterbende nun zumindest zeitweise noch bei normalem Tagesbewusstsein ist, kann es für ihn sehr schmerzlich sein, wenn er das Gefühl gewinnen muss, dass die Angehörigen ihm oder sich selbst immer noch Hoffnungen machen, dass vielleicht doch noch eine Genesung eintreten könnte. Den meisten Dahinscheidenden wäre es eine Wohltat, wenn alle das akzeptieren würden, was sie selbst – zumindest im Normalfall – längst akzeptiert haben und wenn alle sie auf ihrem Weg in angemessener Weise unterstützen würden, anstatt die verbleibende Zeit mit Banalitäten oder unrealistischen Hoffnungen zu verschwenden.

Man sollte einem Sterbenden auch nicht etwa sagen, dass man nicht wisse, wie man sein Leben ohne ihn weiterführen könne. Vielmehr sollte man ihm das Gefühl vermitteln, dass es für alle Beteiligten völlig in Ordnung ist, wenn er nun über die Schwelle geht.

Bei einem gläubigen Katholiken oder einem Mitglied der Christengemeinschaft sollte man nachfragen, ob der Wunsch besteht, die Krankenkommunion oder das Sakrament der »Letzten Ölung« bzw. der Krankensalbung zu empfangen. Man sollte die Kraft der Sakramente – insbesondere die der Letzten Ölung, die man auch »Sterbeweihe« nennen könnte – nicht unterschätzen. Die Letzte Ölung hilft dem Sterbenden, sich langsam und friedvoll aus seiner körperlichen Hülle zu lösen, wodurch ihm der Schwellenübergang deutlich erleichtert werden kann.

Verschiedene Menschen haben in dieser finalen Phase ihres irdischen Daseins verschiedene Bedürfnisse, die sie häufig nicht mehr artikulieren können. Es gehört für den Begleiter schon etwas Feingefühl und Sensibilität dazu, diese richtig erkennen und einordnen zu können. Manche wünschen, dass möglichst alle engen Angehörigen in der Todesstunde im Sterbezimmer weilen. Andere möchten, dass vielleicht nur ein besonders lieber und vertrauter Mensch in ihrer Nähe ist. Wiederum andere bevorzugen es, in der Sterbestunde ganz allein zu sein. Dass diese Wünsche uneingeschränkt zu respektieren sind, muss wohl nicht erwähnt werden.

Als Begleiter kann man den kurz bevorstehenden Übergang zumeist an gewissen Symptomen ablesen. Zum einen erscheint der Sterbende jetzt – zumindest zeitweise – von einer gewissen Ruhe und Gelassenheit durchdrungen zu sein. Häufig wirkt er wie ›entrückt‹ und scheint durch alles Physische hindurchzuschauen. Vielleicht verweigert er die Aufnahme der Nahrung und der Medikamente. Dann können in dieser meistens nur noch sehr kurzen Zeitspanne bei dem Sterbenden gewisse Verhaltensauffälligkeiten oder Phänomene beobachtet werden, die höchst mysteriös und unverständlich erscheinen könnten. Darüber werden wir in Kapitel 2 ausführlich schreiben.

Es müssen zu diesem 5-Phasen-Modell noch einige wichtige Anmerkungen erfolgen.

Jeder Mensch ist ein Individuum, ein ganz individuelles Wesen. Auch der Sterbeprozess ist ein höchst individuelles Geschehen. Etwas plakativ könnte man sagen: »Jeder stirbt seinen *eigenen* Tod!«

Folglich darf nichts verallgemeinert werden. Diese fünf Phasen sind mehr als eine Art *Muster* zu betrachten, das dem Sterbeprozess vieler Menschen zugrunde gelegt werden kann. Sie sind also gewiss nicht in Stein gemeißelt!

Insbesondere sind die folgenden möglichen Abweichungen zu berücksichtigen:

- Nicht jeder Patient durchläuft alle fünf Phasen. Wenigstens sind diese Phasen nicht bei jedem deutlich wahrnehmbar.

- Die Reihenfolge der Phasen kann ein wenig variieren.

- Dauer und Ausprägung der einzelnen Phasen sind von Patient zu Patient sehr unterschiedlich.

- Der Übergang von der einen Phase zur nächsten ist meistens fließend. Wenn also der Patient in eine neue Phase eintritt, so wirken die Charakteristika der vorigen noch nach.

- Die Phasen können sich vermischen und überlappen.

- Manche Phasen – namentlich die zweite, dritte und vierte – können sich wiederholen. So ist es also durchaus möglich, dass etwa der Zorn (zweite Phase) schon überwunden schien, dann später – eventuell sogar noch in der letzten Phase – aber erneut auftritt.

Was nach unseren Recherchen bisher von den Sterbeforschern viel zu wenig untersucht wurde, ist die Abhängigkeit der fünf Phasen – ihre Dauer und Intensität – von dem Weltbild des Patienten.

Es kann keinen Zweifel daran geben, dass es im Sterbeprozess einen großen Unterschied macht, ob der Patient an ein Leben nach dem Tod glaubt oder ob er die Ansicht vertritt, dass der Tod seine Existenz auslöscht.

1.2 Der Schwellenübergang

Jeder Mensch besitzt eine mehr unbewusste Kraft, die es ihm ermöglicht, den Todesaugenblick ein Stück weit *selbst* zu bestimmen.

So kommt es etwa gar nicht einmal so selten vor, dass jemand, der nach Auskunft der Ärzte die nächste Nacht mit höchster Wahrscheinlichkeit nicht mehr überleben dürfte, noch ein paar Tage in seinem Körper bleibt, weil er mitbekommen oder gespürt hat, dass ein entfernt wohnender lieber Verwandter oder Freund auf dem Weg an sein Sterbebett ist. Oftmals tritt der Tod dann wirklich ganz kurze Zeit, nachdem der Besucher eingetroffen ist und sich von dem Sterbenden verabschiedet hat, ein.

Auch das folgende Phänomen kommt recht häufig vor. Ein sterbender Mensch, der rund um die Uhr von besorgten und sich rührend um ihn kümmernden Angehörigen begleitet wird, möchte in seinem Todesaugenblick lieber allein sein. Weil er diese nicht vor den Kopf stoßen wollte, hat er seinen Wunsch für sich behalten. In diesem Fall ist es dann oftmals so, dass er eine geeignete Zeitspanne abwartet, in der seine Begleiter gerade mal nicht im Raum sind, um in die andere Welt zu gehen. Viele Menschen, die nahezu ununterbrochen stunden- und tagelang am Bett des Sterbenden weilen, sind dann oftmals etwas frustriert, wenn der Tod just in dem Moment eingetreten ist, in dem sie aus irgendwelchen Gründen kurz das Sterbezimmer verlassen mussten. Sie machen sich bisweilen sogar Vorwürfe, dass der ihnen anvertraute Mensch im Todesaugenblick ohne ihren Beistand auskommen musste. Diese Vorwürfe sind völlig unberechtigt. In den wohl meisten Fällen hat der Sterbende – natürlich mehr unbewusst – diesen Augenblick genau abgepasst, weil er in diesem großen Moment allein sein *wollte*.

Üblicherweise sind liebevolle Berührungen für den Sterbenden eine Wohltat, die ihm das Gefühl von Geborgenheit schenken. Kurz vor dem Tod sind diese nicht mehr uneingeschränkt anzuraten, da es für ihn jetzt darum geht, unabhängig von seinem physischen Leib zu werden. Daher sollte man ihn in den letzten Augenblicken nicht mehr durch Berührungen, sondern durch liebevolle Gedanken in seine neue Daseinssphäre begleiten. *»Wenn es* [den am Sterbebett Weilenden] *gelingt, in die letzten Atemzüge hinein, das Vaterunser zu sprechen, also die Christusworte, die die Brücke zwischen den beiden Seiten der Welt bauen, kann dadurch – vor allem, wenn sie dem Menschen schon von früher her vertraut sind – die sicherste Grundlage geschaffen werden, den Christus zu finden und zu erkennen.«*[1]

Menschen, die schon vielen Sterbenden bei ihrem Übergang beistehen durften, erzählen häufig, dass bei einigen eine kurze Zeit – meistens Minuten, selten länger als ein paar Stunden – vor ihrem letzten Atemzug eine außergewöhnliche innere Ruhe eingekehrt sei. Selbst dann, wenn der Patient kurz zuvor noch sehr aufgeregt, vielleicht sogar etwas aggressiv gewesen sein sollte, wirkte er plötzlich wie völlig entrückt, und ein tiefer Friede schien in ihn eingekehrt zu sein. Das *kann* ein Zeichen dafür sein, dass er seinem Engel oder sogar dem Christus begegnet ist, der nun zu seinem Führer über die Todesschwelle wird. Wenn man als Begleiter diese Wahrnehmung hat, sollte man diesem erhabenen Vorgang in Andacht und Ehrfurcht beiwohnen und den Sterbenden durch absolut nichts in seinem außergewöhnlichen Erlebnis stören. Wie wir in Kapitel 2 noch erörtern werden, schildern zahlreiche Sterbende, die noch bereit und fähig sind zu reden, über diese Begegnung (☞ S. 36ff.).

Wenn der Schwellenübertritt erfolgt ist, sollte im Sterbezimmer größtmögliche Ruhe einkehren und geraume Zeit herrschen. Es gibt jetzt absolut nichts, was eilt! Hektik und unnötige Aktivitäten können für den Verstorbenen sehr störend sein. Auch sollten sich die

Angehörigen noch keinen Gedanken an Organisatorisches, etwa an die Bestattung, hingeben. Sofern der Tod in einem Krankenhaus eingetreten ist, sollten mögliche Gespräche mit dem Arzt sehr behutsam geführt werden.[2]

In früheren Zeiten, als die Menschen noch sehr viel unbefangener mit dem Tod umgegangen sind und noch gewisse Kenntnisse hatten, war es üblich, dass man im Zimmer des Sterbenden – *spätestens*, wenn der Tod eingetreten war – alle Spiegel und größeren Glasflächen mit einem Tuch oder dergleichen abgedeckt hat. Dieser alte Brauch hat nichts mit Aberglauben zu tun; er ist durchaus sinnvoll. Es gibt nämlich bestimmte Spiegelungen, die auch im Ätherischen wirken und die den Verstorbenen irritieren können, solange er noch seinen Ätherleib (☞ S. 62ff.) trägt. Man sollte die Abdeckung deshalb erst nach frühestens drei Tagen wieder abnehmen.

Ein weiterer Brauch aus vergangenen Tagen sah vor, dass man unmittelbar nach Eintritt des Todes ein Fenster des Sterbezimmers weit öffnete. Damit wollte man der Seele *symbolisch* den Weg ebnen, um sich in die Himmelswelt erheben zu können. Auch wenn das Öffnen eines Fensters natürlich keine konkrete Bedeutung hat, so mag es doch eine schöne Geste sein, die dem erhabenen Vorgang, dass die sich aus dem Körper lösende Seele nun in ihre eigentliche Heimat zieht, einen würdigen äußeren Rahmen verleiht.

Kapitel 2

Übersinnliche Wahrnehmungen und Erlebnisse an der Schwelle des Todes

V iele Leser dürften wohl schon einmal von »Nahtod-Erlebnissen« bzw. »Nahtod-Erfahrungen« gehört haben. Hiermit sind solche Erlebnisse und Wahrnehmungen gemeint, die ein Mensch haben kann, wenn er dem Tod schon sehr, sehr nahe gekommen ist, wenn etwa bereits ein Herzstillstand eingetreten ist. Bis zum heutigen Tage gibt es zigtausende von Menschen, die schon einmal in einer solchen lebensbedrohlichen Situation waren, bevor sie wieder von den Ärzten reanimiert werden konnten. Sehr viele von ihnen konnten sich hinterher noch bestens erinnern, was sie in dieser kurzen Zeitspanne, als sie an der Schwelle des Todes standen, ›wahrgenommen‹ hatten. Einige dieser Menschen waren anschließend – manchmal erst Jahre später – bereit, ihre Wahrnehmungen und Erlebnisse zu schildern. Diese Berichte sind von Wissenschaftlern, namentlich von Medizinern und Psychologen, sorgfältig studiert, analysiert und interpretiert worden.

Die Schilderungen von Menschen, die solche Schwellenerlebnisse hatten, sind recht einheitlich. Es gibt zahlreiche Motive, die man den Nahtod-Berichten entnehmen kann. Von den folgenden zwei Motiven ist in *fast allen* die Rede.

Das häufigste Motiv ist, dass die Patienten verstorbenen Menschen, denen sie im gemeinsamen Erdenleben nahestanden, wahrzunehmen vermochten, mit denen sie sich bisweilen sogar ›ganz normal‹ unterhielten. Sie hatten das Gefühl, von diesen Wesen mit großer Freude empfangen worden zu sein.

Betrachten wir dazu einen Bericht:

»Und da bemerkte ich auf einmal auch die ganzen Menschen, die da in hellen Scharen, wie mir schien, überall an der Zimmerdecke entlangschwebten. Es waren alles Leute, die ich in meinem früheren Leben gekannt habe.

Ich erblickte meine Großmutter und ein Mädchen, das ich aus meiner Schulzeit kannte, und viele andere Verwandte und Freunde. Ich sah wohl hauptsächlich ihre Gesichter und spürte ihre Gegenwart. Sie machten alle einen fröhlichen Eindruck. Es war ein freudiges Zusammentreffen, und ich hatte das Gefühl, dass sie gekommen seien, um mich zu schützen und zu führen. Fast schien es so, als ob ich nach Hause gekommen wäre und sie mich nun begrüßen und willkommen heißen wollten.«[3]

Das zweite Motiv, über das viele Beinahe-Verstorbene schildern, handelt davon, dass sie von einem »Lichtwesen«, das die meisten für Gott oder einen Engel hielten, in Empfang genommen worden seien.

»Ich war bei meinem Engel oder bei Gott oder bei irgendjemandem, mit dem ich vollkommen harmonierte und mit dem ich mich wortlos verständigte. [...] Ich war bei einem Geist oder Engel oder so. Ich weiß nicht, wer bei mir war, aber es war auf jeden Fall jemand da.«[4]

Über Nahtod-Erfahrungen sind seit den 1960er Jahren bis zum heutigen Tage unzählige Bücher veröffentlicht worden. Auch in den Medien wurde darüber viel berichtet, so dass den meisten Zeitgenossen einigermaßen bekannt ist, was man darunter versteht.

Viel weniger bekannt ist in der Öffentlichkeit, dass sich auch unzähligen Menschen, die im Sterben liegen und somit dem Übergang in eine andere Daseinsform schon sehr nahe sind, die also gewissermaßen an oder vor der Schwelle des Todes stehen, Wahrnehmungen, wie man sie aus den Berichten über Nahtod-Erfahrungen kennt, erschließen. Dazu werden wir in diesem Kapitel (☞ S. 26ff.) einige Fallbeispiele anführen, die das dokumentieren.

Zahlreiche Menschen, die schon einmal einen Sterbenden betreut und begleitet haben, werden dessen Wahrnehmungen, die wir im Folgenden erörtern wollen, vermutlich für Halluzinationen oder Phantastereien gehalten oder sie auf eine große Verwirrtheit zurückgeführt haben. Ähnlich wie viele Eltern es als bloße und reine Phantasie ihres Kleinkindes abtun, wenn dieses wie ganz selbstverständlich mit seinem ›unsichtbaren Spielkameraden‹, bei dem es sich häufig um seinen Engel handelt, spricht, glaubt man auch nach dem Motto »Was nicht sein kann, das darf nicht sein!«, die übersinnlichen Wahrnehmungen eines Sterbenden nicht ernst nehmen zu müssen.

Auch die äußere Wissenschaft findet für diese Phänomene keine Erklärung. In Kapitel 3 werden wir erläutern, wie diese Wahrnehmungen aus spiritueller Sicht zu erklären sind und dass es sich bei diesen keineswegs um etwas Mysteriöses handelt.

Wie bereits in Kapitel 1 ersichtlich geworden sein dürfte, ist das Sterben bei einem Menschen, der etwa aufgrund einer längeren Krankheit oder wegen Altersschwäche über Wochen oder gar Monate auf den Tod zulebt, kein abrupter Vorgang, sondern vielmehr ein *Prozess*. Die Wahrnehmungen und Erlebnisse, von denen wir in diesem Kapitel schildern wollen, treten fast ausschließlich erst in der finalen Phase, also recht kurze Zeit vor Eintritt des Todes, auf.

2.1 Symbolträchtige Gebärden und Formulierungen kurz vor dem Tod

W ie in Kapitel 1 (☞ S. 16) erläutert wurde, haben viele Menschen ein feines Gespür dafür, dass der Schwellenübergang kurz bevorsteht. Dieses Gespür überschreitet allerdings nicht ihre Bewusstseinsschwelle, so dass sie es einem Angehörigen oder Begleiter gegenüber nicht *unmissverständlich* äußern könnten.

Ein Begleiter kann es allerdings oftmals an bestimmten Gebärden und Formulierungen des Sterbenden erkennen.

Obwohl der Dahinscheidende schon seit geraumer Zeit sehr schwach ist und das Sterbelager seit Tagen oder gar Wochen nicht mehr verlassen konnte, erweckt er jetzt den Anschein, als wollte er sich mit aller Kraft aufrichten und aus seinem Bett aufstehen. Dieses Verhalten ist meistens ein ganz sicheres Zeichen dafür, dass er spürt, dass er diese Welt in Bälde verlassen wird. In der Fachsprache der Mediziner wird der Eintritt des Todes als »Exitus« bezeichnet, was wörtlich übersetzt »Er ist hinausgegangen« bedeutet. Dieses Hinausgehen möchte er nun durch die Bemühungen des Aufrichtens, ›Auf-stehen-Wollens‹ und ›Hinausgehen-Wollens‹ geradezu körperlich unterstützen. Zu sehr ist noch in seinem Bewusstsein verankert, dass es eines körperlichen Willensaktes bedarf, um etwas verlassen zu können.[5]

Was man ebenfalls häufig wenige Stunden oder Tage vor dem Tod beobachten kann, ist, dass der Sterbende Formulierungen wählt, die einen tiefen Symbolcharakter aufweisen. So sind immer wieder Sätze zu hören wie: »Ich werde jetzt bald abgeholt«, »Die große Fähre wartet auf mich«, »Ich muss jetzt über die Brücke gehen«, »Ich muss zum Bahnhof«, »Ich muss jetzt nach Hause gehen« o.ä. In diesen Fällen wird geradezu greifbar, dass der sterbende Mensch in seinen Seelengründen *weiß*, dass der Übergang in eine andere Da-seinsebene in Bälde erfolgen wird. In sein Tagesbewusstsein tritt dieses Wissen in einer verschleierten Form ein. Dieses hüllt den Übergang in das Bild einer Reise, wie er sie aus seinem Erdenleben kennt.

Bisweilen gehen diese Phänomene damit einher, dass die Patienten verstorbene Verwandte wahrnehmen, worüber wir im folgenden Ab-schnitt ausführlicher schreiben werden. Wir wollen hier nur einen Fall zitieren, bei dem eine Patientin sich auf eine ›Reise‹ vorbereitete. Über diesen Fall, den sie selbst miterlebte, schreibt die Psycho-login und Sterbeforscherin Dr. Iris Paxino:

»Eine andere Patientin, eine recht ruppige und wenig freund-liche ältere Frau, die schon längere Zeit bettlägerig war, empfing mich eines Tages zwar wie immer in ihrem Bett, aber wie zum Ausgehen fertig angezogen. Sie hatte ihren Schmuck angelegt, ihr schönes gestricktes Wolljäckchen angezogen, die Schuhe standen fein nebeneinander direkt am Bett.

›Was ist denn los?‹, fragte ich sie, ›wo möchten Sie denn hin?‹ ›Wissen Sie, ich werde abgeholt. Meine Mutter ist gekom-men.‹

Mein Verstand fing kurz an nachzurechnen: Die Patientin ist Anfang achtzig, die Mutter müsste mindestens hundert Jahre alt sein, das kann sie also nicht gemeint haben. Mir wurde klar,

um was es ging, ich wollte aber nicht vorgreifen und fragte:
›Wie meinen Sie das? Lebt Ihre Mutter noch?‹
  ›Nein, natürlich nicht‹, antwortete sie barsch, ›aber sie ist
trotzdem gekommen! Heute Morgen, da ...‹ und zeigte auf das
Eck des Zimmers, ›da stand sie. Ich habe sie ganz deutlich
gesehen.‹ ›Ach ja? Und was hat denn Ihre Mutter gesagt?‹ ›Sie
hat gesagt: Ich komme dich holen. Wir warten schon auf dich
[...]‹«[6]

2.2 Sterbebett-Visionen

U nter dem Begriff »Sterbebett-Vision« oder »Sterbeerlebnis« versteht man übersinnliche Wahrnehmungen Sterbender. Diese ›sehen‹ und ›hören‹ Wesen, mit denen sie bisweilen sogar kommunizieren, die für die Begleiter nicht wahrnehmbar sind. Bei diesen Wesen handelt es sich in den meisten Fällen um Verstorbene aus dem Lebensumfeld des Sterbenden und bisweilen auch um geistige Wesen wie etwa Engel, die sie oftmals als Licht oder intensive Farberscheinung wahrnehmen. In eher seltenen Fällen wird ihnen auch ein Einblick in eine übersinnliche Welt offenbart. Diese Erfahrungen sind fast immer von einer friedlichen Stimmung und freudiger Erregung begleitet. Manchmal sind auch die Wahrnehmung des Lichtes und Verstorbener miteinander vermischt.

Bisweilen fangen die Sterbenden an zu strahlen und scheinen von einer unerklärlichen Heiterkeit erfüllt. Sterbeforscher, Krankenhauspersonal und Begleiter sprechen davon, dass sie bei den Patienten oftmals einen regelrechten Aufschwung ihrer Gemütsverfassung beobachten konnten und dass die inneren Wandlungen ebenso unerklärlich wie beeindruckend seien.

2.2.1 Wahrnehmung Verstorbener

In den weitaus meisten Fällen nehmen die Patienten im Rahmen ihrer Sterbebett-Visionen Verwandte oder Freunde wahr, die bereits – manchmal schon vor vielen Jahren – durch die Pforte des Todes geschritten sind.

Sie ›sehen‹ die Verstorbenen irgendwo im Raum, meistens an einem Fenster, in einer Zimmerecke oder am Kopfende des Bettes. Diese Wesen winken ihnen zu, sprechen sie an und wollen sie abholen. Wie wir in Kapitel 3 noch ausführen werden, handelt es sich bei diesen Visionen in den meisten Fällen keineswegs um Halluzinationen, die etwa durch ungeeignete oder falsch dosierte Schmerzmittel ausgelöst worden sein könnten. Vielmehr handelt es sich in der Regel um *reale Wahrnehmungen,* die der Sterbende in seiner neuen Erfahrungswelt macht, die ihm mehr und mehr zugänglich wird. Diese neue Welt kann auf ihn bereits einen viel realeren Eindruck machen als die Sinneswelt, die er sich zu verlassen anschickt.

Bei Menschen, die im gemeinsamen Erdenleben eng miteinander verbunden waren, scheint die Zeit keine Rolle zu spielen. So nehmen Sterbende sowohl Verstorbene wahr, die erst vor ganz kurzer Zeit gestorben sind, als auch solche, die schon vor Jahrzehnten über die Schwelle gegangen sind.

Wie man der einschlägigen Literatur sowie dem Internet entnehmen kann, sind Sterbebett-Visionen, insbesondere solche, bei denen es zu einer Begegnung mit Verstorbenen kam, bereits aus den letzten zwei Jahrhunderten verbürgt. Der erste Wissenschaftler, der mit einer systematischen Erforschung dieser Phänomene begann, war Sir William Fletcher Barrett (1844 bis 1925), Professor für Physik an der Universität Dublin.

Auslöser für sein Interesse an diesem Thema war eine Begebenheit, die sich in der Nacht vom 12. auf den 13. Januar 1924 abspielte und von der ihm seine Frau, eine auf Geburtshilfe spezialisierte Ärztin, berichtete.

Sie war zu einer Entbindung einer gewissen Doris gerufen worden, die im Sterben lag, während ihr Baby wohlauf war. Dann schilderte Lady Barrett anschließend ihrem Mann:

»Plötzlich sah Doris aufgeregt in eine Ecke des Zimmers, während ein strahlendes Lächeln ihren Gesichtsausdruck erhellte. ›Oh, wie schön, wie schön‹, sagte sie.

›Was ist schön?‹ fragte ich sie. ›Das, was ich sehe‹, erwiderte sie in verhaltenem, leidenschaftlichen Ton.

›Was sehen Sie?‹ ›Eine wunderschöne Helligkeit – aller-liebste Geschöpfe.‹

Es ist schwer, den Eindruck der Wirklichkeit zu beschreiben, die bei ihr durch die starke Versenkung in die Vision hervorge-rufen wurde.

Dann, während sie ihre Aufmerksamkeit noch intensiver ei-nem bestimmten Punkt zuwandte, stieß sie eine Art fast glück-lichen Schrei aus und rief: ›Wirklich, es ist mein Vater! Oh, er ist so froh, dass ich komme, er ist so froh. Wie schön wäre es, wenn W. [ihr Mann] auch käme.‹

Ihr Säugling wurde gebracht, damit sie ihn sehen konnte. Sie betrachtete ihn aufmerksam und sagte dann: ›Glauben Sie, dass ich um des Babys willen bleiben sollte?‹

Dann wandte sie sich wieder der Vision zu und sagte: ›Ich kann nicht, ich kann nicht bleiben; wenn du sehen könntest, was ich mache, würdest du wissen, dass ich nicht bleiben kann.‹

Offenbar ›sah‹ die junge Frau etwas so Reales, so Befriedi-gendes, so Wertvolles, dass sie ihr Leben und ihr eigenes Kind aufgeben wollte.

Aber dann wandte sie sich ihrem Mann zu, der hereingekom-men war, und sagte: ›Du wirst das Baby niemandem überlas-sen, der es nicht liebt, nicht wahr?‹

Dann schob sie ihn sanft beiseite und sagte: ›Lass mich das liebliche Licht sehen.‹

Konnte dies alles lediglich die Erfüllung eines Wunschdenkens in Form einer Halluzination gewesen sein? Barrett erwog eine derartige Erklärung, verwarf sie jedoch, da unter den Erschei-nungen der Toten jemand gewesen war, den Doris nicht zu sehen erwartet hatte. Ihre Schwester Vida war drei Wochen zuvor gestorben. Doris war jedoch wegen ihres angegriffenen Gesundheitszustandes nicht davon unterrichtet worden. Aus diesem Grunde war Doris ein wenig verwundert, als das Fol-gende geschah.

Sie sagte zu ihrem Vater: ›Ich komme‹, während sie sich gleichzeitig zu mir umwandte, indem sie sprach: ›Oh, er ist so nah.‹

Wieder mit dem Blick auf die gleiche Stelle sagte sie mit einem ziemlich verwunderten Gesichtsausdruck: ›Er hat Vida bei sich", und, indem sie sich wieder mir zuwandte, bemerkte sie: ›Vida ist bei ihm.‹ Schließlich sagte sie: ›Du möchtest mich wirklich bei dir haben, Vater? Ich komme.‹ «[7]

Sir Barrett war von dieser Schilderung so beeindruckt, dass er von da an weitere Fälle sammelte, die er in seinem Buch *»Deathbed Visions – How The Dead Talk To The Dying«* (deutsch: *»Sterbebett-Visionen – Wie die Toten zu den Sterbenden sprechen«*) beschrieb, das erstmals ein Jahr nach seinem Tod erschien.

Aber auch aus der jüngeren und jüngsten Vergangenheit sind unzählige derartige Sterbebett-Visionen dokumentiert. Betrachten wir dazu ein paar Beispiele:

»Ein 60jähriger Geschäftsmann mit College-Bildung litt an einer tödlichen Infektion. Als die Erscheinung kam, wandelte sich sein Schmerz in Heiterkeit.

Die Krankenschwester berichtete: Es war ein Erlebnis, wie wenn er jemandem begegnete, den er sehr liebte. Er lächelte, richtete sich auf und streckte die Hände aus. Sein Gesichtsausdruck war voller Freude. Ich fragte ihn, was er sah.

Er sagte, seine [bereits verstorbene] Frau stünde gerade dort und warte auf ihn. Es sah so aus, als ob dort ein Fluss wäre und sie auf der anderen Seite stehen und auf ihn warten würde.

Er wurde sehr ruhig und friedlich – eine Heiterkeit religiöser Art. Er hatte auch keine Furcht mehr und starb einen sehr friedvollen Tod.«[7]

»Am 21. Oktober 1966 verstarb meine Mutter mit 86 Jahren in einer Klinik. Am nächsten Tag, dem 22. Oktober, befand sich mein Vater in einem unmittelbar darüber gelegenen Zimmer in der Agonie – während meine Mutter noch auf dem Sterbebett aufgebahrt lag.

Mein Vater hatte keine Ahnung, dass bei meiner Mutter der Tod eingetreten war. Gegen 17 Uhr am 22. kam mein Vater jedoch noch einmal für einen Augenblick zum Bewusstsein zu-

rück, breitete plötzlich mit einer rührenden Geste beide Arme
aus, auf seinem Gesicht zeigte sich ein heiteres Lächeln und
unter leicht zustimmendem Kopfnicken murmelte er zweimal
nacheinander die Worte ›Hier bin ich, Therese! Hier bin ich,
Therese!‹

Ein anwesender Pfarrer fragte den Sterbenden tief erschüt-
tert, was er denn sähe – bekam aber keine Antwort mehr. Er
sank wieder ins Koma zurück und entschlief in der folgenden
Nacht.«[8]

Über eine 60-jährige Frau, die an Krebs im Endstadium litt, wird
berichtet:

»Plötzlich öffnete sie ihre Augen. Sie rief ihren [verstorbenen]
Mann bei seinem Namen und sagte, dass sie im Begriff sei, zu
ihm zu kommen. Sie hatte das friedlichste und schönste Lächeln
auf dem Gesicht, gerade so, als würde sie in die Arme eines
Menschen eilen, an den sie ständig dachte.

Sie sagte: ›Guy, ich komme.‹ Sie schien nicht zu bemerken,
dass ich [ihr Begleiter] anwesend war. Es war fast, als wäre sie
in einer anderen Welt. Es war, als wenn sich ihr etwas Wun-
derschönes offenbart hätte; sie erlebte in diesem Augenblick
etwas Wundervolles und Herrliches.«[9]

In Ihrem Buch »*Der Tod – ein neuer Anfang*« berichten die Psychologen und Sterbeforscher Dr. Karlis Osis (1917 bis 1997) und
Dr. Erlendur Haraldsson (1931 bis 2020) über die Resultate ihrer
mehrjährigen Studie über Sterbebett-Visionen, die sie insbesondere
in Amerika und Indien betrieben haben. In ihren Studien werteten
sie über 1.000 Fälle aus, über die sie von behandelnden Ärzten,
Krankenschwestern und Sterbebegleitern informiert worden waren.

Wir wollen hier nur einen Fall zitieren:

»Eine siebzigjährige Patientin hatte ihren verstorbenen Ehe-
mann schon mehrere Male gesehen, als sie schließlich ihren
eigenen Tod ankündigte.

Sie sagte, dass ihr Mann am Fenster erschienen sei und ihr bedeutet hätte, aus dem Haus herauszukommen. Der Grund für seine Besuche war, dass sie sich ihm anschließen sollte. Zu diesem Zeitpunkt waren ihre Tochter und ihre Verwandten bei ihr. Sie holte ihre Sterbekleidung aus dem Schrank, legte sich für ein Nickerchen hin und verschied eine Stunde später.

Sie schien ruhig in ihren Tod ergeben und wollte auch wirklich sterben. Sie hatte nie von ihrem bevorstehenden Ende gesprochen, ehe sie die Erscheinung ihres Mannes gehabt hatte.

Ihr Arzt war dermaßen über ihren plötzlichen Tod, für den es keine ausreichende medizinische Erklärung gab, überrascht, dass er überprüfte, ob sie sich nicht selbst vergiftet hatte. Dies bestätigte sich jedoch nicht.«[7]

Ein recht ausführlicher und besonders beeindruckender Bericht einer Sterbebett-Vision findet sich in dem Buch *»Und den Himmel gibt es doch!«* von Kurt Allgeier. Die Schilderung stammte von den beiden Krankenschwestern Gerlinde und Irene, welche die Patientin, Frau Konzelmann, betreuten. Für die Sterbende schienen Diesseits und Jenseits kurzzeitig miteinander zu verschmelzen. Sie kommunizierte gleichzeitig mit den beiden Schwestern und ihrem bereits vor 16 Jahren verstorbenen Ehemann Franz, der für sie genauso real war wie Gerlinde und Irene. Er schien seine Frau abholen zu wollen.

» ›Ich sterbe jetzt. Und ich bin so glücklich wie niemals zuvor in meinem Leben. Nein, das könnt ihr nicht verstehen. Ihr habt ja keine Ahnung davon, wie wunderschön es drüben ist.‹

Die zierliche Frau mit den silberweißen Löckchen um das schmale, vom Leid zerfurchte Gesicht wirkt plötzlich völlig entspannt. Ihre Augen strahlen als hätte sie etwas unbeschreiblich Schönes gesehen. Die höllischen Schmerzen, die sie seit Tagen geplagt haben, sind weg, als sei ein Wunder geschehen. Fassungslos starren Schwester Gerlinde und Irene sie an.

Die Patientin erholte sich von einer schweren Galleoperation, gefolgt von einer Lungenembolie. Es schien ihr wieder wesentlich besser zu gehen und sie freute sich auf die Rückkehr nach Hause.

Doch plötzlich richtete sich Frau Konzelmann in ihrem Bett ein wenig auf, streckte die Arme aus und rief aufgeregt: ›Franz? Franz, bist du gekommen, um mich abzuholen?‹

Das Gesicht der Patientin spiegelte Verlegenheit, Freude, Erwartung wider – als wäre sie ein junges Mädchen, das sich zum ersten Mal zum Rendezvous mit ihrem Liebsten trifft. Und dann rannen ihr Tränen über die Wangen.

Frau Konzelmann packte Schwester Gerlinde am Arm, deutete aufgeregt in die Zimmerecke: ›Schauen Sie, das ist mein Mann. Er ruft mich. Er hält die Arme ausgebreitet, wie er es immer getan hat, wenn er von einer Reise nach Hause zurückkehrte. Können Sie ihn denn nicht sehen? Mein Gott, warum habe ich dich so lange warten lassen! Wie wunderschön ist es drüben! Hört ihr diese herrlichen Klänge? Seht ihr die Blumen? Überall Blumen. Oh, ist das wunderbar! Franz, ich bin gleich soweit. Gedulde dich noch ein paar Minuten. Dann komme ich.‹

Es scheint als wäre all dies, was das irdische Leben ihr in ihrer vertrauten Umgebung hätte noch bieten können, bedeutungslos geworden – durch einen einzigen kurzen Blick nach ›drüben‹.«[10]

Weiter heißt es in der Schilderung:

»Frau Konzelmann verwendet die letzten Minuten ihres Lebens dazu, den Schwestern ein paar Mitteilungen an die Familie aufzutragen. Sie verteilt ihr kleines Vermögen und bittet ihre Kinder, froh und glücklich zu sein und nicht mehr unnötig zu streiten. Dann legt sie sich mit einem tiefen Seufzer in die Kissen zurück. Sie sagt: ›Danke schön, Schwester Gerlinde! Danke, Schwester Irene.‹ Und dann, geradezu jubelnd: ›Franz, ich bin soweit. Ich komme.‹

Sie schließt die Augen und ist tot.«[10]

Dieser Fall zeigt, dass Sterbebett-Visionen manchmal ganz unmittelbar vor Eintritt des Todes stattfinden.

Schwester Irene gab später ihre Eindrücke wie folgt wieder:

»Das war irgendwie unheimlich. Ich bin nicht gerade ein gläubiger Mensch. Doch wenn man so etwas sieht und absolut sicher ist, dass das Bewusstsein nicht durch Drogen verändert wurde, muss man zugeben: Da ist wohl doch etwas dran!

Den Gesichtsausdruck dieser Frau werde ich niemals vergessen. Alle Falten waren geglättet. Frau Konzelmann lächelte derart glücklich, heiter. Unfassbar! Eigentlich schade, dass die Angehörigen dieses schöne Sterben nicht miterleben durften. Sie würden um ihre Mutter nicht weinen. Und vermutlich hätten sie auch keine Angst mehr vor dem Sterben.«[10]

Für die Begleiter eines Sterbenden oder für das Personal im Krankenhaus oder Altenheim ist es oftmals eine sehr aufwühlende Erfahrung, wenn sie eine Sterbebett-Vision hautnah miterleben.

»Eine neunundsechzigjährige Frau war im Begriff, an Krebs zu sterben.

Die Krankenschwester erzählte: Mit einer sehr sanften Stimme, mit einem Lächeln auf dem Gesicht, führte sie eine zärtliche Unterhaltung darüber, wie sehr sie ihren Mann liebte, wie sehr sie ihn vermisst hatte und wie bestimmt sie wusste, dass sie ihm nachfolgen würde.

Sie sagte: ›Es wird jetzt nicht mehr lange dauern, bis ich bei dir bin.‹ Und indem sie die Arme ausstreckte, als ob sie seine Hand fühlte: ›Du siehst gesund und wohlbehalten aus.‹

Die Krankenschwester erzählte von den Gefühlen, die sie dabei hatte: ›Es war eine schreckliche Erfahrung. Mein Glaube ist nicht sehr stark, aber wenn ich jemanden sehe, bei dem ich absolut sicher bin, dass Drogen keine Rolle gespielt haben – da muss etwas dran gewesen sein. Ihr Gesichtsausdruck war [...] ich wünschte, ich hätte eine Kamera gehabt. Aus ihrem Gesicht waren alle Runzeln verschwunden. Sie lächelte, war heiter und schien keine Beschwerden zu haben.‹

Eine andere Krankenschwester sagte: ›Es war irgendwie unheimlich.‹«[7]

Der amerikanische Neurochirurg und Harvard-Dozent Dr. Eben Alexander erkrankte im November 2008 an einer bakteriellen Hirnhautentzündung und fiel für sieben Tage ins Koma. Er wurde als hirntot diagnostiziert. Während dieser Zeit hatte er ganz außergewöhnliche Nahtod-Erlebnisse, über die er in seinem Buch »Blick in die Ewigkeit« berichtet. Dann wachte er wie durch ein Wunder auf und kann seitdem wieder ein normales Leben führen.

In seinem Buch schreibt er, dass er etwa zwei Jahre nach seiner Rückkehr aus dem Koma einen guten Freund und Kollegen, der eine weltweit führende Forschungsabteilung für Neurowissenschaften leitet, besucht habe. Er erzählte ihm einen Teil seiner Erlebnisse, die er in seinem tiefen Koma hatte. John, so nennt er den Kollegen, war sehr erstaunt, nicht etwa, weil er Eben für verrückt hielt, sondern, weil seine Schilderungen endlich etwas erklärten, was ihm lange Zeit ein Rätsel war. Dann schreibt Dr. Alexander:

>»Es stellte sich heraus, dass Johns Vater vor etwa einem Jahr nach fünfjähriger Krankheit seinem Ende entgegengesehen hatte. [...]

>Bitte‹, hatte sein Vater John auf dem Totenbett angefleht. ›Gib mir ein paar Pillen oder irgendetwas. Ich kann so nicht weitermachen.‹

>Dann plötzlich wurde sein Vater klarer, als er es in den letzten beiden Jahren gewesen war, und teilte John einige tiefe Beobachtungen über sein Leben und ihre Familie mit.

>Dann änderte er seine Blickrichtung und begann mit der Luft am Fußende seines Bettes zu reden. Während er zuhörte, merkte John, dass sein Vater mit seiner Mutter sprach, die 65 Jahre zuvor gestorben war, als Johns Vater noch ein Teenager war. Sein Vater hatte sie John gegenüber kaum erwähnt, aber nun führte er ein fröhliches und lebhaftes Gespräch mit ihr.

>John konnte sie nicht sehen, aber er war fest davon überzeugt, dass ihr Geist anwesend war und den Geist seines Vaters zu Hause willkommen hieß.

>Nach ein paar Minuten wandte sich Johns Vater wieder ihm zu und hatte jetzt einen völlig anderen Ausdruck im Gesicht. Er hatte ein Lächeln auf den Lippen und war deutlich sichtbar voller Frieden, mehr, als John es je zuvor an ihm erlebt hatte.

>Schlaf jetzt, Papa‹, hörte John sich sagen. ›Lass einfach los. Es ist alles in Ordnung.‹

> *Sein Vater tat genau das. Er schloss die Augen und dämmerte mit einem vollkommen friedlichen Ausdruck auf dem Gesicht ein. Kurz darauf segnete er das Zeitliche.«*[11]

Eben Alexander erzählt weiter, dass sein Freund die Begegnung seines Vaters mit seiner Großmutter als äußerst real empfunden hatte. Nur hatte er keine Ahnung, was er damit anfangen sollte, da er als Arzt zu wissen glaubte, dass solche Dinge unmöglich sind...

Es ist im Übrigen keineswegs so, dass nur Erwachsene solche Wahrnehmungen hätten. Auch von vielen Kindern sind Sterbebett-Visionen verbürgt.

> *»Ein elfjähriges Mädchen war schwer herzkrank und war wieder in einer schlimmen Phase, als sie berichtete, dass sie ihre Mutter in einem hübschen weißen Kleid sah und dass ihre Mutter gerade so ein Kleid für sie hatte.*
> *Sie war sehr glücklich, lächelte und bat den Arzt, sie aufstehen und dort hinübergehen zu lassen. Ihre Mutter war bereit, sie mit auf die Reise zu nehmen. Die Vision dauerte eine halbe Stunde, vier Stunden später starb sie in einem heiteren und friedvollen Zustand.*
>
> *Interessant an diesem Fall ist, dass das Mädchen seine Mutter nie gekannt hatte, da diese bei seiner Geburt starb. So konnte das Mädchen nie eine gefühlsmäßige Beziehung zur Mutter aufbauen. Trotzdem war sie zum Zeitpunkt des Todes bei ihr.«*[7]

Dr. Elisabeth Kübler-Ross erzählt, dass keines der von ihr begleiteten Kinder kurz vor dem Tod jemals vorgegeben habe, irgendeinen Menschen übersinnlich wahrgenommen zu haben, der *nicht* schon jenseits der Schwelle war.[12]

In einem besonders erstaunlichen Fall, über den sie schildert, nahm die Sterbende ein Wesen wahr, das sie wie selbstverständlich als ihren Bruder identifizierte, von dessen Existenz sie aber gar nicht wissen konnte.

»Das Besondere dabei war jedoch – abgesehen von der großen Pracht und der einfach phantastischen Lichtfülle und Liebe, die uns auch von den meisten anderen beschrieben worden sind –, dass ihr Bruder bei ihr gewesen war und sie mit Liebe und Zärtlichkeit in seine Arme geschlossen hatte. Nachdem sie all dies ihrem Vater berichtet hatte, fügte sie hinzu: ›Das Einzige, was mich stutzig macht, ist die Tatsache, dass ich gar keinen Bruder habe.‹

Daraufhin brach der Vater in Tränen aus, und er gab zu, dass sie tatsächlich einen Bruder gehabt habe, der allerdings schon drei Monate vor ihrer Geburt verstorben sei. Darüber hatte man ihr gegenüber jedoch nie etwas verlauten lassen.«[13]

Elisabeth Kübler-Ross berichtet auch von einer ganzen Reihe von Fällen, in denen ein Sterbender die übersinnliche Anwesenheit eines Angehörigen oder Freundes wahrnahm, der, wie sich später herausstellte, kurz zuvor – oftmals an einem weit entfernt liegenden Ort – gestorben war. Um einen Sterbenden nicht zu belasten, wird er oftmals von seinen Familienmitgliedern darüber in Unkenntnis gelassen, wenn ein lieber Mensch aus seinem Umkreis durch die Pforte des Todes geschritten ist. Elisabeth Kübler-Ross schildert von einigen solcher Fälle. Das Besondere daran war, dass die Sterbenden sich gerade von *diesen* Verstorbenen empfangen fühlten.[14]

2.2.2 Wahrnehmung eines Lichtes oder ›Lichtwesens‹

Ähnlich wie fast alle Menschen, die Nahtod-Erlebnisse hatten, von einem hellen strahlenden Licht oder Lichtwesen, das viele als Gott oder einen Engel erkannt zu haben glauben, berichten, haben auch einige Sterbende kurz vor ihrem Übergang diese Wahrnehmung. Die Wahrnehmung übersinnlicher Wesen kommt offenbar nicht so häufig vor wie die verstorbener Menschen.

Einige brachten dieses Licht nicht mit einem Wesen in Verbindung. Sie nahmen es wahr, ohne es als etwas Wesenhaftes zu beschreiben. Betrachten wir dazu zwei Fälle:

»Plötzlich schaute sie intensiv zum Fenster. Dann drehte sie sich plötzlich zu mir und sagte: ›Bitte Pauline, habe nie Furcht vor dem Sterben. Ich habe ein schönes Licht gesehen, und ich näherte mich dem Licht [...] Es war so mächtig, dass es mir wirklich schwerfiel, davon loszukommen.‹

Am nächsten Tag, als es Zeit war für mich nach Hause zu gehen, sagte ich zu ihr: ›Tschüss Mutter, bis morgen.‹

Sie schaute mir direkt in die Augen und sagte: ›Ich bin nicht besorgt wegen morgen, und Du darfst es auch nicht sein, versprich es mir.‹

Traurigerweise verstarb sie am nächsten Morgen [...] aber ich wusste, sie hat an diesem Tag etwas gesehen, das ihr Trost und Frieden gab in dem Wissen und dem Bewusstsein, nur noch wenige Stunden am Leben zu sein.«[15]

»Meine Nichte starb mit zehn Jahren an Krebs. Zum Schluss war sie so krank, dass sie den Kopf nicht mehr vom Kissen heben konnte.

Doch wenige Stunden bevor sie starb, setzte sie sich plötzlich im Bette auf und sagte zu ihrer Mutter: ›Du kannst nicht mit mir mitgehen! Das Licht kommt jetzt und holt mich, aber du kannst nicht mit! Wenn du es nur sehen könntest! Es ist so wunderschön!‹

Kurz darauf ist sie gestorben.«[16]

Die weitaus meisten sahen in diesem Wesen einen Engel. Dr. Iris Paxino schreibt von einer Patientin, die dem Sterben nahe war.

»Eines Tages betrat ich ihr Zimmer, und das Erste, was sie sagte, war: ›Ich werde erwartet, wissen Sie? Ich werde erwartet‹, und ein Lächeln erhellte ihr grau gewordenes Gesicht. Ihr Körper war stark von der Krankheit gezeichnet, sie atmete schwer, die Schmerzen wurden von Tag zu Tag unerträglicher.

›Ja, ich werde erwartet‹, wiederholte sie. Ihre Augen leuchteten dabei, und von ihrem Wesen ging ein freudevoller Glanz aus.

›Möchten Sie mir davon erzählen?‹, fragte ich sie.

›Es ist mein Engel. Ich weiß, dass er es ist. So liebend ist er,

er wartet geduldig. Meistens am Kopfende steht er, sehen Sie? Hier [...]‹, sagte sie und deutete auf die Wand hinter ihrem Bett. ›So liebend ist er [...] Und manchmal sehe ich ihn in der rechten Ecke des Zimmers, dort am Fenster, neben dem Vorhang, sehen Sie? Aber das ist seltener. Meistens spüre ich ihn hier hinten, bei mir.‹ «[17]

Es ist im Übrigen keineswegs so, dass nur Patienten, die religiös oder spirituell gestimmt sind, Engelwahrnehmungen haben können.

»Eine 60 Jahre alte Frau aus Pennsylvania hatte einen Herzanfall erlitten, schien aber voller Hoffnung auf eine Genesung zu sein. Sie war wirklich ruhig und ausgeglichen, willig und nicht ängstlich.

In einem bestimmten Moment schaute sie an die Decke und sagte: ›Ich sehe einen Engel. Er kommt zu mir.‹

Danach war sie noch ruhiger und heiterer. Bald wurde sie bewusstlos und starb am nächsten Tag.

Vor diesem Ereignis zeigte sie weder für Religion noch für ein Leben nach dem Tod Interesse.«[7]

Oftmals sind die Sterbenden ganz überrascht, dass ihre Besucher diese Wesen oder die Welten nicht sehen können. In einem Bericht, aus dem hervorgeht, dass die Patientin sich schon ganz in einer anderen Welt wähnte, heißt es:

»Eines Nachts rief sie [die Patientin] mich, damit ich sehen sollte, wie lieblich und schön der Himmel sei.

Dann schaute sie mich an und schien überrascht: ›Oh, aber Sie können es nicht sehen, Sie sind nicht hier [im Himmel], Sie sind dort drüben‹ [...]

Ich [ihr Begleiter] glaube nicht, dass es Halluzinationen sind; es sind Visionen – sehr real.«[18]

Dr. Iris Paxino, die in einem sehr hohen Grade hellsichtig ist, kann, wenn sie ihren imaginativen Blick auf geistige Wesen richtet, diese höchst klar und deutlich wahrnehmen.

Einer Patientin, die noch sehr mit ihrer Erkrankung haderte, fiel es schwer zu akzeptieren, dass ihr Leben schon so früh zu Ende gehen sollte. Iris Paxino schreibt über deren Engelwahrnehmung:

> *»Eines Tages flüsterte sie mir unerwartet zu: ›Ich sehe ständig eine Gestalt am Fenster. Ich habe nie an so etwas geglaubt, aber sie ist immer wieder da. Ich bin zwar krank, aber nicht verrückt. Können Sie sie auch sehen?‹*
>
> *Ich sehe hin und schaue ihren Engel. ›Ja, da ist jemand. Können Sie selbst erkennen, wer das ist?‹*
>
> *›Sie kommt mir so vertraut vor, die Gestalt, als ob ich sie schon immer kennen würde. Aber ich habe sie bisher noch nie gesehen.‹ Sie dachte und spürte nach, und nach einem langen Schweigen erhellte sich das Gesicht der Patientin.*
>
> *Ganz leise sagte sie: ›Es ist meine Engelin. Man spricht sonst immer von Engeln, aber für mich erscheint sie wie eine Engelin.‹«*[19]

Man könnte vielleicht vermuten, dass die beschriebenen Sterbebett-Visionen nur bei sehr wenigen Menschen an der Schwelle des Todes aufträten.

Das ist aber nicht der Fall! Gemäß verschiedener Studien von Sterbeforschern kommt es bei mindestens 60 Prozent der Patienten in den Stunden und Tagen vor Eintritt des Todes zu diesen Wahrnehmungen. Hinzu kommt noch, dass die Dunkelziffer recht hoch ist, weil in vielen Fällen kein Begleiter während der Visionen zugegen ist und weil die Patienten anschließend nicht darüber berichten wollen oder auch nicht mehr können. Viele Sterbende sind in den letzten Tagen ihres irdischen Daseins kaum noch oder gar nicht mehr in der Lage, ihre übersinnlichen Wahrnehmungen zu artikulieren. Manchen sind diese Erlebnisse auch zu heilig, um sie mit profanen Worten zu beschreiben.

Auch wenn ein Patient aus irgendwelchen Gründen nicht über seine Visionen spricht, kann man als Angehöriger oder Begleiter an bestimmten Merkmalen erkennen, dass er solche hat.

So ist es häufig so, dass die Sterbenden beispielsweise ihre Augen weit aufreißen, zur Decke, in eine Zimmerecke oder zum Fenster starren und mit den Händen herumfuchteln. Bisweilen kann man den Eindruck gewinnen, dass sie den Wesen, die sie zu ›sehen‹ vermögen, zum Gruße zuwinken.

Ein weiteres Indiz dafür, dass ein Patient Sterbebett-Visionen, über die er nicht berichtet, hatte, kann man daraus ableiten, dass er in Momenten, in denen er zumindest halbwegs wieder im ›Hier und Jetzt‹ ist, viel von Menschen spricht, über die er in den letzten Jahren kaum geredet hat. In diesen Fällen kann es durchaus so sein, dass er diesen, die mittlerweile schon verstorben sind, ›begegnet‹ ist.

Es wird auch immer wieder berichtet, dass ein Sterbender in dieser Phase viel von verwandten oder bekannten Menschen spricht, die gerade oder vor ganz kurzer Zeit gestorben sind und von deren Übergang er nach den üblichen menschlichen Maßstäben gar nicht wissen konnte.

Vermutlich haben *nahezu alle* Menschen in der finalen Phase ihres irdischen Daseins Sterbebett-Visionen – meistens sogar mehrere. Daher haben wir diesem Buch auch den Titel *»Niemand stirbt allein«* gegeben. Diese Aussage ist wahr, selbst wenn kein verkörperter Mensch bei dem Sterbenden im Augenblick des Schwellenübergangs anwesend ist.

2.3 Große Geistesklarheit kurz vor dem Schwellenübergang

Bei vielen Patienten, die schon ganz nah an der Todespforte stehen, ist eine große *geistige* Klarheit zu beobachten, für die es keine neurophysiologische Erklärung gibt. Bei diesem Phänomen spricht man auch von *»Luzidität«* oder *»Bewusstseinsklarheit«*.

Typisch für dieses Phänomen ist, dass die Patienten sich plötzlich an Erlebnisse oder Mitmenschen erinnern, was ihnen in gesunden Tagen nicht möglich gewesen wäre. Dabei kommt oftmals höchst Erstaunliches ans Tageslicht. So wird von einem Fall berichtet, in dem eine 81-jährige Frau wenige Tage vor ihrem Dahinscheiden plötzlich immer wieder etwas in französischer Sprache vor sich hinmurmelte. Diese Sprache hatte sie nachweislich nie gelernt oder gesprochen. Ihre Kinder und Enkel standen vor einem Rätsel. Spätere Recherchen im Familienumfeld ergaben, dass die Frau in ihren ersten drei, vier Lebensjahren von einem französischen Kindermädchen betreut wurde. Dieses hatte ihr immer wieder Kindergebete in ihrer Muttersprache vorgesprochen.

Bisweilen nehmen die Betreffenden in dieser Phase der Geistesklarheit auch Verstorbene wahr.

In einem Internet-Forum schrieb ein Teilnehmer am 30. Okt. 2017:

> *»Ein Fall ist mir ganz besonders im Gedächtnis geblieben, wo eine schwer demenzkranke Frau um die 90 schon seit mehreren Monaten selbst die engsten Angehörigen nicht mehr erkannt hat. Nahrungsaufnahme, waschen und alles andere funktionierte nur noch mit intensiver Betreuung.*
>
> *Gesprochen hat sie zum Schluss auch nicht mehr. Bis auf wenige Minuten vor ihrem Ableben.*
>
> *Zufällig war ich vor Ort, als sie sich etwa 10 Minuten vor ihrem Tod plötzlich aufgerichtet hat. Dann bedankte sie sich für die langjährige Pflege und verabschiedete sich in einer Klarheit, die mal gar nicht zu ihrem Krankheitsbild passte.*
>
> *Und das Verblüffendste passierte als sie sagte, dass ihre Eltern (sie nannte die Namen) sowie ihre jüngere Schwester sie bereits abholen kommen. Sie strahlte über das ganze Gesicht und verließ in einem unglaublichen Frieden diese Welt.*
>
> *Weil ich mit ihrer Schwester einige Wochen vorher noch ein Gespräch geführt habe (sie war geistig noch völlig gesund) erklärte ich mir das als Einbildung, weil sie ja noch leben musste und noch nicht in dieser ›anderen Welt‹ sein konnte.*
>
> *Falsch gedacht, ihre Enkelin klärte mich kurze Zeit später auf, dass sie etwa zwei Wochen vorher ebenfalls verstorben ist. Die demenzkranke Frau selbst hatte man über diesen Vorfall allerdings nicht unterrichtet, weil sie ohnehin in ihrer Wahrnehmung offensichtlich sehr eingeschränkt war.«*[20]

Von einem besonders beeindruckenden Fall schreibt Michael Ladwein. Er fand diese Schilderung in dem Buch »*Wenn die Dunkelheit ein Ende findet. Terminale Geistesklarheit und andere ungewöhnliche Phänomene in Todesnähe*« von Michael Nahm. Es geht um die im Jahre 1922 mit 26 Jahren verstorbene Käthe, die in einem Behindertenheim lebte. Ihr behandelnder Arzt hat ihre Geschichte ausführlich beschrieben:

»*Zu den tiefstehendsten Pfleglingen, die wir je hatten, gehörte Käthe. Sie war von Geburt an völlig verblödet und hat nie ein Wort zu sprechen gelernt. Stumpf vegetierte Käthe dahin. Stundenlang starrte sie auf einen Punkt, dann zappelte sie wieder stundenlang ohne Unterbrechung. Sie schlang Nahrung hinunter, schied das Aufgenommene wieder aus, stieß einmal einen tierischen Laut aus und schlief. Andere Lebensregungen haben wir in den langen Jahren an ihr nie wahrgenommen. Nie haben wir gemerkt, dass sie auch nur eine Sekunde an dem Leben ihrer Umgebung teilnahm. Auch körperlich wurde das Mädchen immer elender; ein Bein musste amputiert werden, und das Siechtum wurde immer stärker.*

Ich habe es durch gar manche geradezu erschütternde Erlebnisse [...] erfahren, dass auch der armseligste Idiot ein verborgenes inneres Leben führt, das so viel wert ist wie mein eigenes inneres Leben. Die zerstörte Oberfläche hindert ihn nur, nach außen hin viel davon zu zeigen. Oft in den letzten Stunden vor dem Tode fielen alle krankhaften Hemmungen weg, und es offenbarte sich ein inneres Leben von solcher Schönheit, dass wir nur ganz erschüttert davorstehen konnten.

Des Öfteren habe ich es erlebt, dass bei tiefstehenden Kranken in der Sterbestunde, wenn die Seele sich aus der Erdgebundenheit löste, Gefühlsregungen und Äußerungen auftraten, die ich vorher nie an ihnen beobachtet und die ich nie für möglich gehalten hatte und die ich mir medizinisch schlechterdings nicht erklären kann.

Unter anderem habe ich Folgendes erlebt: Als ich am Morgen des 1.3.1922 auf die Isolierstation kam, sagte mir die Schwester, es werde wohl bald mit Käthe vorbei sein, sie singe aber schon eine Zeit lang vor sich hin. Ungläubig trat ich in das Zimmer; aber zu meiner größten Verwunderung hörte ich, wie das Mädchen deutlich sang: ›Wo findet die Seele die Heimat, die Ruh.‹

Ich benachrichtigte schnell noch den pädagogischen Leiter der Anstalt, Herrn Pfarrer Happich, der dann tief ergriffen mit mir Zeuge dieses jedem medizinischem Verstehen unverständlichen Vorgangs war. ›Ruh, Ruh, himmlische Ruh‹, hauchte der Mund, ein verklärtes Lächeln flog über das sonst so verblödete Gesicht, und die Seele schwand aus den Banden des Körpers.«[21]

Der erwähnte Pfarrer ergänzte noch:

»Als wir gemeinsam das Sterbezimmer betraten, trauten wir unseren Augen und Ohren nicht: Die von Geburt an völlig verblödete Käthe, die nie ein Wort gesprochen hatte, sang sich selbst die Sterbelieder. Vor allem sang sie immer wieder: ›Wo findet die Seele die Heimat, die Ruh? Ruh, Ruh, himmlische Ruh!‹

Eine halbe Stunde lang sang Käthe. Das bis dahin so verblödete Gesicht war durchgeistigt und verklärt. Dann schlief sie still ein. – Immer wieder sagte der Arzt, dem ebenso wie der pflegenden Schwester und mir die Tränen in den Augen standen: ›Medizinisch stehe ich völlig vor einem Rätsel. Durch eine Sektion kann ich, wenn es verlangt wird, nachweisen, dass Käthes Hirnrinde restlos zerstört und anatomisch Denkfähigkeit nicht mehr möglich war.‹

Käthe hatte also nur scheinbar an alledem, was in der Umgebung vor sich ging, nicht teilgenommen. In Wirklichkeit hatte sie aber sichtlich gar manches in sich aufgenommen. Denn woher hatte sie Text und Melodie des Liedes, wenn nicht aus der Umgebung? Und sie hatte den Inhalt des Liedes richtig verstanden und wandte ihn in der entscheidenden Stunde ihres Lebens an. Das war schon wie ein Wunder. Noch größer aber erschien uns das Wunder, dass die bis dahin völlig stumme Käthe plötzlich klar und deutlich Worte des Liedes wiedergeben konnte, obwohl durch zahlreiche Hirnhautentzündungen solche anatomische Veränderungen in der Hirnrinde vor sich gegangen sind, dass es dem Verstand nicht begreiflich ist, dass das sterbende Mädchen plötzlich klar und deutlich und mit Verständnis singen kann.«[22]

Kapitel 3

Wie sind die beschriebenen Phänomene zu erklären?

M an kann ja nicht bestreiten, dass diese Phänomene, über die wir im vorigen Kapitel geschrieben haben, mehr als erstaunlich sind und äußerst mysteriös *erscheinen.*

Die alles entscheidende Frage ist nun, wie sich diese Phänomene *erklären* lassen.

3.1 Erklärungsansätze der Wissenschaftler

D ie wohl meisten Naturwissenschaftler, namentlich diejenigen, die sich mit der Erforschung des menschlichen Gehirns und seiner Funktionen befassen, messen weder den Nahtod-Erlebnissen noch den Sterbebett-Visionen eine Realität bei. Insbesondere jemand, der nicht an geistige Welten und Wesen und somit zwangsläufig auch nicht an ein Leben nach dem Tod oder gar an die Reinkarnation glaubt, muss diese Wahrnehmungen für Hirngespinste halten.

Folglich geht man davon aus, dass sich diese durch *äußere* Ursachen erklären lassen müssten. Es werden etliche Ansätze ins Feld geführt, welche diese Phänomene *vermeintlich* erklären. Da keiner von diesen zielführend ist, sollen sie hier von einer Ausnahme abgesehen, die sehr häufig vorgebracht wird, nicht angeführt werden.

Bei dieser hat man es mit einem absoluten Totschlagargument zu tun. Es wird behauptet, dass es sich bei diesen Wahrnehmungen um reine Phantasien oder aber um Halluzinationen handele, die kurz vor dem Tod etwa durch Sauerstoffmangel im Gehirn, durch im Körper freigesetzte biochemische Substanzen, durch eine zu hohe Dosierung schmerzstillender Medikamente – etwa Morphine – oder ähnliche Faktoren erzeugt würden.

Selbst wenn diese Ursachen vorhanden sein sollten, so ist damit nichts gewonnen. Zum einen werden dadurch die übersinnlichen Wahrnehmungen nicht zwangsläufig als Fiktionen entlarvt und zum anderen erklären sie diese *nicht wirklich*.

Nun gibt es durchaus seriöse wissenschaftliche Studien, die deutlich zeigen, dass die Visionen in den weitaus meisten Fällen *nichts* mit Halluzinationen oder dergleichen zu tun haben:

»Es stellt sich die Frage, ob diese Erscheinungen real sind. Das heißt, werden sie auf dem Wege einer echten, außersinnlichen Wahrnehmung oder lediglich aufgrund der gestörten Abläufe im Gehirn der Sterbenden halluziniert?

Dieser Frage war ein Großteil der Auswertungen der Daten gewidmet. Es zeigte sich, dass ein vorhandenes Delirium nicht die Grundlage für die Art der typischen Erscheinungen war. Halluzinationen bei Patienten mit Geisteskrankheit oder Gehirnschädigung waren unzusammenhängender und wirrer als bei den Visionen der Sterbenden ohne halluzinogene Krankheiten und hatten meistens diesseitsbezogene Inhalte.

Hohes Fieber und morphiumähnliche Beruhigungsmittel erhöhten die Häufigkeit von jenseitigen Erscheinungen nicht, im Gegenteil. Patienten hatten häufiger Erscheinungen, wenn sie bei vollem Bewusstsein sind, eine klare Wahrnehmung haben und die Fähigkeit, auf ihre Umgebung zu reagieren.

Man weiß, dass Drogen oder Beruhigungsmittel Halluzinationen auslösen können. 80 Prozent der Patienten im Endstadium mit Visionen standen jedoch überhaupt nicht unter Einfluss solcher Medikamente. Von den restlichen 20 Prozent standen 11 Prozent nur leicht unter Beruhigungsmitteln.

Auch hohes Fieber kann Halluzinationen verursachen, worunter jedoch nur 8 Prozent litten.«[6]

Nach gründlicher Analyse aller Fakten kamen die Forscher zu dem Schluss, dass die Visionen *nicht* durch physiologische oder medizinische Faktoren beeinflusst wurden.[6]

3.2 Spirituelle Erklärung

E s ist längst an der Zeit, dass wir uns von Autoritäten, die uns ihre Lehrmeinungen vorsetzen, emanzipieren. Insbesondere sollten wir uns nicht von der heutigen durch und durch materialistisch gefärbten Naturwissenschaft, die alles Geistige sowie die nachtodliche Existenz des Menschen für Unfug hält, beirren lassen. Auch sollten wir uns nicht von den Kirchen, die zwar selbstverständlich davon ausgehen, dass der Mensch nach dem Tod weiterlebt, aber darüber, was er dann alles durchzumachen hat und erlebt, kaum etwas beitragen können, auf der Kindheitsstufe halten lassen.

Es gibt heute zahlreiche *spirituelle* Quellen, in denen über das geschildert wird, was uns nach dem Tod in den übersinnlichen Welten erwartet. Man muss hierbei allerdings die Spreu vom Weizen trennen! In der *seichten* esoterischen Literatur sowie in den meisten Quellen, die auf *medialen Botschaften* basieren, lassen sich zwar durchaus zahlreiche Beschreibungen über das nachtodliche Leben finden, allerdings wird vieles durch die rosarote Brille gefiltert. Auch findet man dort häufig nur Halbwahrheiten. Eine besonders reich sprudelnde Quelle ist die *anthroposophisch orientierte Geisteswissenschaft*, die der große Eingeweihte und Geisteslehrer Dr. Rudolf Steiner (1861 bis 1925) vor rund 100 Jahren der Menschheit geschenkt hat. In keinem anderen Weltbild, in keiner anderen Geistesart findet man so umfassende Darstellungen geistiger Wahrheiten.

Nur aus diesen Quellen können wir eine Erklärung für die Sterbebett-Visionen und auch für die Nahtod-Erlebnisse gewinnen.

3.2.1 Die Sterbebett-Visionen stehen in Einklang mit den Erlebnissen, die der Mensch *nach dem Tod* hat

Wie wir in diesem Abschnitt zeigen wollen, stehen diese für viele so mysteriösen Wahrnehmungen und Erlebnisse, die ein Sterbender kurz vor seinem Schwellenübertritt hat, in vollem Einklang mit dem, was er in der allerersten Zeit nach dem Tod in den übersinnlichen Welten *tatsächlich* erleben wird.

Für die Zwecke dieses Büchleins ist es hinreichend, in aller Kürze zu skizzieren, was ein Verstorbener in den ersten Stunden und Tagen nach seinem Schwellenübergang erlebt und erfährt. Über das, was wir dazu schreiben werden, herrscht in allen spirituellen Strömungen weitestgehende Einigkeit. Ein Leser, der sich bisher noch nicht mit spirituellen Themen befasst hat, könnte sich vielleicht fragen, woher man eigentlich wissen könne, wie sich das nachtodliche Leben eines Menschen gestaltet.

Nun es gibt Menschen, sogenannte »Hellseher« oder »Geistesseher«, die in der Lage sind, geistige Welten und Wesen zu ›sehen‹ (Imagination) und zu ›hören‹ (Inspiration). Für diese sind die übersinnlichen Welten genauso real wie unsere Sinneswelt. Viele von ihnen vermögen es sogar, sich gewissermaßen in die Seele eines Verstorbenen so ›hineinzuversetzen‹, dass sie dessen Gedanken, Empfindungen, Gefühle usw. ›miterleben‹ können. Man spricht hier von »Intuition«. Es würde den Rahmen dieses Büchleins sprengen, auf diese geistigen Wahrnehmungsmöglichkeiten näher einzugehen. Während diese zu Lebzeiten nur ganz besonderen Menschen offenstehen, erschließen sie sich nach dem Schwellenübertritt *allen* Seelen.

Die Wahrnehmungen und Erlebnisse, die ein Mensch in der Zeit nach dem Tod hat, lassen sich nicht in ein chronologisches ›Korsett‹ pressen. Die uns so vertrauten Begriffe »Raum« und »Zeit« sind auf die übersinnlichen Welten nicht anwendbar. In den höheren Welten erfolgen viele Geschehnisse quasi ›gleichzeitig‹.

3.2.1.1 Erste Wahrnehmung hoher Geistwesen

Der Augenblick des Todes ist niemals ein Einsamkeitsmoment. Der Verstorbene wird von seinem persönlichen Engel, den man im Christentum als »Schutzengel« bezeichnet, in Empfang genommen. Dieser Engel, der schon immer an seiner Seite war, wird auch in der gesamten nachtodlichen Zeit bei ihm bleiben und ihn eines Tages in ein neues Erdenleben führen. Der Verstorbene nimmt ihn als eine strahlende Lichtgestalt wahr.

Dr. Iris Paxino schreibt über den Todesmoment aufgrund ihrer übersinnlichen Forschung: *»Der Sterbeaugenblick eines Menschen ist*

nie ein Einsamkeitsmoment. Das irdische Licht des über die Schwel-
le Gehenden verlöscht, doch sein geistiges Licht leuchtet auf. Die
[Engelwesen] erwarten und empfangen ihn in einer erhabenen Fei-
erstunde. Das, was sich für die Welt der Hinterbliebenen verdunkelt,
erstrahlt auf der anderen Seite in einem lichtvollen geistigen Fest-
akt. Der sich Exkarnierende erlebt, dass er sich aus dem Physischen
›herausatmet‹, dies bedeutet für ihn eine Befreiung und eine Aus-
weitung seines Wesens. Er schaut auf seinen Leib und erkennt, dass
dieser Teil von ihm lediglich seine abgelegte physische Hülle ist.

Sein Bewusstsein, in der geistig-ätherischen Welt, in der er sich
nun befindet, ist klar und wach, er erkennt die Wesenheiten, die ihn
nun empfangen. Für den Verstorbenen selbst ist es ein sakraler Au-
genblick, in welchem seine Individualität, eingebettet im Licht einer
höheren geistigen Wirklichkeit, zu sich selbst aufersteht.«[23]

Der Schwellenübergang ist stets ein Augenblick größter Geistes-
helligkeit, der immer mit einer Christus-Begegnung verbunden ist.
Jedem Menschen – nicht etwa nur den Christen oder gar nur den
›frommen‹ Christen – wird der Christus erscheinen. So wie jeder aus
Gott geboren wird (*»Ex deo nascimur«*), wird er in Christo sterben
(*»In Christo morimur«*).

Wir haben in Kapitel 2 anhand einiger Zitate gesehen, dass viele
Menschen – sei es im Rahmen eines Nahtod-Erlebnisses (☞ S. 23),
sei es in einer Sterbebett-Vision (☞ S. 36ff.) ein ›Lichtwesen‹ wahrzunehmen vermochten, das die meisten als einen Engel identifizier-
ten. Bei unseren Recherchen stießen wir im Übrigen auf keinen Bericht einer Sterbebett-Vision, in dem der Sterbende *felsenfest* davon
überzeugt war, den Christus wahrgenommen zu haben. Bei den Nahtod-Berichten ist ebenfalls eher selten von Christus die Rede. Das
mag etwas überraschend sein, da Christus den Übergang in die
höheren Welten eines *jeden* Menschen begleitet.

Dennoch ist sehr wohl anzunehmen, dass zumindest einige Menschen, die schon ganz nah an der Todesschwelle angelangt waren,
den Christus wahrgenommen haben, wenngleich sie allerdings oft
von »Gott« oder »Jesus« sprechen. Um den Christus klar und deutlich als den, der Er ist, *erkennen* zu können, ist im Allgemeinen eine
wichtige Voraussetzung notwendig: Der Betreffende muss in seinem

Erdenleben den Christus innerlich gesucht haben. Er muss sich mit ihm zu verbinden bemüht haben. Dann kann er ihn als leuchtend-strahlende Geistgestalt erleben.

3.2.1.2 Erste Begegnung mit den Seelen anderer Verstorbener

Wenn man Menschen, die an ein Leben nach dem Tod glauben, fragt, welche Hoffnungen oder Wünsche sie mit einem solchen Da-sein verknüpfen, so hört man meistens, dass sie hoffen, kein einsa-mes Leben in den höheren Welten führen zu müssen. Insbesondere wünschen sie sich, nach dem Tod wieder mit denjenigen Menschen vereint zu sein, die ihnen lieb und teuer waren.

Dass dieser Wunsch ihnen erfüllt wird, ist eine bestens erforschte geisteswissenschaftliche Tatsache. Wie wir schon gesehen haben, wird der soeben Verstorbene von dem ›Lichtwesen‹, bei dem es sich im Normalfall um seinen persönlichen Engel oder um den Christus handelt, in Empfang genommen. Aber auch einige seiner Angehöri-gen und engen Freunde, die schon vor ihm die Schwelle überschrit-ten haben, begrüßen ihn an der Todespforte. Viele Verstorbene, die ihm im Erdenleben nahestanden, treten nun in sein ›Blickfeld‹. Er nimmt deren ›Geist-Gestalt‹ wahr und weiß sofort, um wen es sich handelt. Er fühlt sich von ihnen herzlich empfangen und willkom-men geheißen. Iris Paxino schreibt: *»Auch Gestalten verstorbener Menschen, die in der Zeit der Inkarnation mit dem soeben Exkar-nierten verbunden waren, erscheinen beim Übergang in die geistige Welt. Meist sind es nahe Angehörige, enge Freunde oder Wegge-fährten, die bereits früher über die Schwelle gegangen sind. Ihre Stimmung ist von einer mitfühlenden, verständnisvollen und liebe-getragenen Milde durchströmt. Sie empfangen den Neuankömmling mit inniger Freude und bilden für sein Seelenerleben eine Brücke zwischen den Welten.«*[24]

Aufgrund ihrer eigenen Todesnähe-Erfahrungen sowie der Unter-suchung zahlloser Schwellen-Erlebnisse anderer Menschen ist Elisa-beth Kübler-Ross überzeugt: *»Doch zur Zeit der Verwandlung* [Über-gang in die höheren Welten] *werden unsere Geistführer, Schutzengel und solche, die wir geliebt haben und die schon vor uns hinüberge-*

gangen sind, uns zur Seite stehen und uns bei unserer Umwandlung behilflich sein. Ich habe das immer wieder bestätigt gefunden, so dass ich an dieser Tatsache nicht mehr zweifle. Diese Aussage mache ich – wohl gemerkt – als Wissenschaftlerin!

Immer ist jemand als Helfer zugegen, wenn wir jene Verwandlung durchmachen. In den meisten Fällen handelt es sich um die bereits ›vorausgegangenen‹ Väter oder Mütter, Großväter oder Großmütter oder auch um ein Kind, sofern dieses schon gestorben ist. Und oft begegnen wir auch solchen, von denen wir noch gar nicht wussten, dass sie schon ›auf der anderen Seite‹ weilen.«[25]

Über die Begegnung mit Verstorbenen ist – wie wir den Zitaten aus Kapitel 2 entnehmen können, sowohl bei Nahtod-Erlebnissen (☞ S. 22f.) als auch bei Sterbebett-Visionen (☞ S. 26ff.) fast immer die Rede.

Folgendes sei noch kurz erwähnt: Je länger der Verstorbene dann in den übersinnlichen Welten weilt, desto größer wird der Kreis der entkörperten Seelen, mit denen er ein Zusammenleben pflegen kann. Mit diesen Seelen kann der Tote – insbesondere nachdem bereits einige Zeit vergangen ist, seit er die Schwelle des Todes überschritten hat – in der mannigfaltigsten Weise zusammen sein. Das Zusammenleben, das Beieinandersein, das die Menschen nach dem Tod pflegen können, kann nun ungleich inniger, intensiver und realer sein, als das im Erdendasein jemals möglich gewesen war. Jetzt gibt es keine physischen oder räumlichen Barrieren mehr, die ein solches Zusammensein behindern oder einschränken könnten. Keiner kann sich mehr verstellen oder dem anderen etwas vorspielen. Das Seelenleben eines jeden ist offen ausgebreitet. Es bedarf keiner Sprache mehr, um miteinander kommunizieren zu können. Die Kommunikation zwischen den Verstorbenen erfolgt auf einer rein gedanklichen, also geistigen Ebene.

3.2.1.3 Die Lebensrückschau

Wir müssen in diesem Abschnitt noch auf ein besonders wichtiges Ereignis zu sprechen kommen, das sich jedem Verstorbenen darbietet.

Schon kurz nach dem Schwellenübertritt taucht etwas Gewaltiges vor dem Seelenauge des Verstorbenen auf: Das »Lebenspanorama«. *»Wie mit einem Schlage steht das verflossene Erdenleben vor der Seele.«* [26]

Wie in einem großen Panorama sieht er Bilder seines ganzen abgelaufenen Lebens vor sich. Alles, was er denkend oder vorstellend in seinem Leben erlebte, taucht in diesen Bildern auf. Es ist wirklich immer das *ganze* verflossene Erdenleben in dieser »Lebensrück- schau«, in diesem »Lebensrückblick« da, und zwar auf einmal, nicht erst in einer zeitlichen Reihenfolge. Die Zeit wird gewissermaßen zum Raum. Er wird gewahr, dass er nun außerhalb der Erdensphäre angekommen ist. Die schier unendlich vielen Bilder dieses Panora- mas umgeben ihn nun in einer *ähnlichen* Weise wie ihn im Erden- leben Berge, Wälder, Sonne, Mond und Sterne umgeben haben. In mächtigen Bildern sind *gleichzeitig* sowohl solche Ereignisse da, die erst kurz vor dem Tod, als auch diejenigen, die schon in seinen mittleren Lebensjahren oder in seiner Kindheit stattfanden. Der Tote sieht in diesen Tagen von seinem individuellen Gesichtspunkte aus insbesondere alles dasjenige, woran er selbst beteiligt war, was für ihn eine Bedeutung hatte. Er sieht die Beziehungen, die er im Leben zu anderen Menschen hatte in der Weise, dass ihm gewahr wird, welche Früchte diese Beziehungen für ihn selbst getragen haben. Er sieht auch sonstige Begebenheiten und Erlebnisse nicht ganz objek- tiv, sondern eher unter dem Aspekt, welche Früchte er dadurch für sich selbst davontragen konnte. Bei allem und überall sieht er sich im Mittelpunkt. In dieses Tableau sind auch die Bilder solcher Erlebnisse einverwoben, die ihm zu Lebzeiten gar nicht bewusst geworden sind, die aber doch einen Eindruck in seiner Seele hinter- lassen haben. Er empfindet dieses Panorama als ein Stück seiner Wesenheit, ja als seine Welt. Das Selbsterlebte wird zu seiner Welt. In dem Maße wie ihm das irdische Dasein entschwindet, taucht alles, was er von seiner Geburt an bis zu seinem Tod in der Welt erleben konnte, auf. Dieses ganze Leben hat er nun als ein intensiv lebendiges, mit deutlichem Bewusstsein durchzogenes Bilderpano- rama vor sich. Alles erscheint ihm so hell und überdeutlich, als wä- ren es gar keine Erinnerungen, sondern etwas, was er gerade frisch erlebt.

Er sieht nicht nur diese Bilder, sondern es lebt auch alles wieder auf, was er in irgendeiner Weise jemals erlebt oder getan hat. Jedes einzelne Gespräch, das er mit Menschen geführt hat, ›hört‹ er jetzt wieder, alles das, was er mit anderen Menschen zusammen erfahren hat, was er mit ihnen ausgetauscht hat, erfährt er nun wieder. Diese Rückschau ist nicht von Gefühlen und Empfindungen durchzogen. Der Verstorbene gibt sich ganz passiv dieser Rückschau hin. Er betrachtet das Lebenspanorama mit der nüchternen Distanz eines neutralen Beobachters. *»Man steht diesem Erinnerungstableau ebenso objektiv gegenüber wie einem Gemälde. Wenn dasselbe einen Menschen darstellt, der traurig, der von Schmerzen erfüllt ist, so sehen wir ihn objektiv an. Wir können wohl seine Traurigkeit nachfühlen, doch empfinden wir nicht unmittelbar den Schmerz, den der Mensch gehabt hat. So ist es mit den Bildern dieses Tableaus unmittelbar nach dem Tode: es breitet sich aus, und man sieht in Zeiträumen, die erstaunlich sind, weil sie so kurz sind, alle Einzelheiten, die sich im Leben zugetragen haben.«*[27]

Bei allen Szenen, die er nun sieht, hat der Tote den Eindruck, als wollte Christus oder sein Engel ihn fragen, was er aus seinem Leben gemacht habe, wie er dieses genutzt habe. Während dieser Zeit wird er von seinen Erlebnissen derart in Beschlag genommen, dass er sich noch nicht intensiv anderen Seelen – weder denen von verstorbenen noch von lebenden Menschen – zuwenden wird. Er hat mit sich und seiner Welt genug zu tun. Diese Art der Rückschau, der Rückerinnerung ist außerordentlich wichtig, da aus ihr eine Kraft fließt, die er benötigt, um im ganzen Leben nach dem Tod sein Ich-Bewusstsein aufrechterhalten zu können, um weiterhin ein selbstbewusstes und eigenständiges Wesen bleiben zu können. Diese Fähigkeit geht ganz wesentlich von diesem Anschauen des letzten Erdenlebens aus.

Diese Lebensrückschau unterscheidet sich sehr stark von einer Rückbesinnung, die viele Menschen bisweilen in ihrem ganz normalen Erdenleben anstrengen und bei der auch etliche Erinnerungsbilder auftauchen. Sie weist nämlich Merkmale auf, die sie von jedem gewöhnlichen Erinnerungsprozess unterscheiden. Zunächst einmal umfassen die unzähligen Bilder nicht nur einen kleinen Ausschnitt des Lebens. Vielmehr ist in dieses Erinnerungstableau alles einverwoben, was der Mensch *jemals* erlebt hat. Des Weiteren sind diese Bilder nicht so blass, schattenhaft und ungesättigt wie normale Erinnerungen. Sie sind vielmehr ungleich realer, plastischer und lebensechter.

Von dieser Lebensrückschau ist auch in zahlreichen Nahtod-Berichten die Rede. Eine besonders beeindruckende Schilderung seiner *eigenen* Nahtod-Erfahrungen gab der amerikanische Arzt und Psychiater Dr. George G. Ritchie (1923 bis 2007). Er erlitt als junger Soldat im Alter von zwanzig Jahren während des 2. Weltkrieges im Jahre 1943 eine schwere Lungenentzündung. Als man ihn röntgen wollte, kollabierte er und wurde kurz darauf für tot erklärt. Während er schon im Sterbezimmer des Lazaretts aufgebahrt wurde, hatte er sehr intensive Nahtod-Erlebnisse, die er dann drei Jahrzehnte später in seinem Buch *»Return from Tomorrow«* veröffentlichte. Der Titel des ins Deutsche übersetzen Buches lautet: *»Rückkehr von morgen«*.

Besonders ausführlich ist seine Schilderung der Lebensrückschau, die wir hier in Auszügen zitieren:

»Wenn ich sage, er [der Christus] *wusste alles über mich, dann war das ganz einfach eine sichtbare Tatsache. Denn gleichzeitig mit seiner strahlenden Gegenwart – wenn ich davon erzähle, muss ich beides getrennt beschreiben – war in diesem Raum jede einzelne Episode meines Lebens eingetreten. Alles, was um mich herum geschehen war, war einfach da, in voller Sicht, gleichzeitig und fließend, so, als ob in einem Moment alles zu gleicher Zeit stattfinden konnte.*

Wie dies möglich war, wusste ich nicht. Nie zuvor hatte ich in solch einem Lebensraum, in dem ich nun zu sein schien, Erfahrungen gesammelt. Das kleine Einbettzimmer war noch sichtbar, aber es engte uns nicht länger ein. Dagegen war an allen Seiten um uns herum etwas, was ich nur mit einer Art Wandgemälde bezeichnen könnte – nur, dass die Gestalten dreidimensional waren, sich bewegten und sprachen.

Und viele dieser Gestalten waren anscheinend ich selbst. Wie gebannt starrte ich mich an, wie ich vor der Wandtafel in der dritten Klasse stand. Wie ich mein Adlerabzeichen vor meiner Pfadfindergruppe erhielt. Wie ich Papa Dabney [Großvater, mütterlicherseits] *auf die Veranda in Moss Side schob. Ich sah mich als ein winziges Dreieinhalb-Pfund-Baby, das im Brutkasten nach Luft schnappte. Gleichzeitig (es schien kein früher und später zu geben) sah ich, wie ich durch Kaiserschnitt aus der Gebärmutter der kranken und sterbenden jungen Frau, die ich niemals zu Augen bekommen hatte, befreit wurde.*

Ich sah mich wenige Monate älter, wie ich auf dem Schoß einer freundlichen Frau mit einer Silberrandbrille und einer krummen Nase saß. Das drei Jahre alte Mädchen, das auf dem Boden neben uns spielte, musste Mary Jane [Schwester] *sein, obwohl ich mich natürlich nicht an sie in diesem Alter erinnern konnte. Aber Miss Williams* [Krankenschwester und Haushaltsmitglied der Familie Ritchie] *sah genauso aus, wie ich sie kannte. Sie erschien in vielen der Szenen; mit einem Ausdruck lang vergessener Sehnsucht sah ich, wie sehr ich sie liebte.*

Seite an Seite mit diesen Szenen sah ich, wie Vater eine schlanke, schwächliche Brünette nach Moss Side brachte; die Frau, die er heiraten wollte. Ich sah Mary Jane und mich beim Umzug in das Haus 4306 an der Brook Road, sah mich selbst ängstlich am Esszimmerfenster stehen, voller Sehnsucht, hinauszugehen, aber auch voller Angst vor dem Jungen, der neben uns wohnte.

Neben den schönen Szenen gab es auch schreckliche. Ich beobachtete mich, wie ich von dem Jungen verprügelt wurde, beobachtete meine Demütigung, als meine Schwester aus dem Haus eilte, um den Kampf für mich zu führen. Ich sah mich in Tränen, als Vater sich für eine Woche, zwei Wochen, einen Monat verabschiedete, seine Arbeit nahm ihn für immer von uns.

Viel Not entstand in mir selbst. Ich sah mich, wie ich mich von der Stiefmutter abwandte, wenn sie sich über mich beugte, um mir den Gute-Nacht-Kuss zu geben, sah sogar den Gedanken selbst: Ich werde diese Frau nicht lieb haben. Meine Mutter starb. Miss Williams ging weg. Wenn ich sie liebe, wird sie mich auch verlassen. Ich beobachtete mich im Alter von zehn Jahren, wie ich an demselben Esszimmerfenster stand, als der

Vater ins Krankenhaus ging, um Mutter und unseren neuen Bruder Henry nach Hause zu holen. Ich sah mich, wie ich, bevor ich ihn sah, entschied, dass ich diesen Neuling nicht gern haben würde.

Es gab andere Szenen, Hunderte, Tausende, alle beleuchtet von dem brennenden Licht, in einem Zustand, in dem die Zeit anscheinend stillstand. Es hätte in normaler Zeit Wochen gebraucht, um auch nur einen flüchtigen Blick auf die vielen Ereignisse zu werfen, und dennoch hatte ich nicht den Eindruck, dass überhaupt Minuten vergingen. [...]

Da waren die Episoden aus meinen Oberschuljahren – Verabredungen mit Mädchen, Chemieprüfungen, oder als ich die schnellste Meile unserer Schule lief. Ich sah meinen Schulabschluss, sah mich in die Universität von Richmond eintreten. Und die ganze Zeit sah ich eine Halsstarrigkeit gegenüber Mutter, meinem Bruder Henry und sogar dem kleinen Bruce Gordon [Halbbruder] gegenüber. Ich sah, wie Vater in seiner Majorsuniform nach Hause kam, sah mich selbst zum Postamt gehen, um mich für den Wehrdienst eintragen zu lassen. Ich beobachtete die Musterung im Camp Lee, und wie ich und Hunderte von Rekruten den Zug nach Camp Barkeley bestiegen [...]

Jede Einzelheit eines zwanzigjährigen Lebens war zu sehen. Das Gute, das Schlechte, die Höhepunkte, das, was zum Davonlaufen war. Und mit dieser Allesinklusiv-Schau entstand eine Frage. Sie war in jeder Szene gegenwärtig, und, wie die Szenen selbst, schien sie von dem lebendigen Licht neben mir gesteuert zu sein.

Was hast du aus deinem Leben gemacht?

Es war offensichtlich nicht eine Frage der Art, dass er Auskunft wünschte, denn was ich aus meinem Leben gemacht hatte, war klar zu erkennen. In jedem Fall kam das totale Abrufen der Vergangenheit detailliert und perfekt von ihm, nicht von mir. Ich hätte mich nicht an ein Zehntel von dem erinnern können, was ich sah, bevor er es mir zeigte.

Was hast du aus deinem Leben gemacht?

Es schien eine Frage nach den Werten und nicht nach den Fakten zu sein: Was hast du mit der kostbaren Zeit, die dir zugeteilt worden war, gemacht?«[28]

Während sehr viele Menschen, die Nahtod-Erfahrungen machten, über die Lebensrückschau berichten, kommt dieses Motiv im Rahmen der Sterbebett-Visionen offenbar eher selten vor. Einen solchen Bericht verdankt der Verfasser einer guten Freundin, die sich in einem Hospizverein der Begleitung Sterbender widmete:

»Nach einer Weile wurde Herr Husarek [der Patient] *plötzlich unruhig, beruhigte sich aber schnell wieder.*

Dann fing er an, einige sehr detaillierte Erlebnisse aus seiner frühen und frühesten Kindheit zu erzählen, wobei ihm das Sprechen schon sichtlich schwer fiel. Es ging zum Teil um Begebenheiten, die in seinem zweiten, dritten Lebensjahr stattfanden. An solche frühen Erlebnisse kann sich ein Mensch, der nicht kurz vor der Schwelle des Todes steht, üblicherweise gar nicht erinnern!

Anschließend schwieg er einige Minuten. Plötzlich wurde er wieder unruhig. Seine Unruhe steigerte sich binnen Sekunden gewaltig. Er riss die Augen weit auf, starrte zur Decke und stammelte mit größtem Entsetzen in der Stimme:

›Da – an der Decke – die ganzen Bilder! – Ich tanze mit meiner Frau. – Ich sitze auf der Schulbank. – Ich werde gerade getauft.‹

Er beruhigte sich sehr schnell und sagte nach mehrmaligem, kräftigen Durchschnaufen: ›Der Teufel schickt mir Zerrbilder!‹

Da er schon nicht mehr so ganz im Hier und Jetzt war, machte es keinen Sinn, ihm seine Erlebnisse zu kommentieren oder gar zu erklären. So versuchte ich ihn nur zu beruhigen: ›Sie müssen keine Angst haben, Herr Husarek! Das war nicht der Teufel!‹«[29]

Dass es sich in diesem Fall schon um den Beginn des Lebensrückblicks handelte, ist naheliegend. Der Patient, der im Übrigen ein tiefgläubiger Katholik war, konnte diese Szenen, die sich ihm nun darboten, nicht einordnen. Sie verwirrten und verängstigten ihn. Er hielt sie sogar für ›Zerrbilder‹, die ihm der Teufel schickte.

Für die Zwecke dieses Büchleins ist die kurze Darstellung über die erste Zeit des Lebens nach dem Tod hinreichend. Einem Leser, der dazu Näheres erfahren möchte, ohne gleich zu tief in die Thematik einsteigen zu wollen, kann unsere Schrift *»Das wahre Leben beginnt erst nach dem Tod«* empfohlen werden. Jemand, der dieses Thema sehr ausführlich bewegen möchte, sei auf unser *Werk »Die spirituelle Seite des Todes«* hingewiesen (☞ S. 96).

Die obige kurze und mehr aphoristische Beschreibung der Erlebnisse, die ein Mensch in der allerersten Zeit *nach* seinem Tod hat, stimmen fast bis ins Detail mit dem überein, was ein Sterbender im Rahmen seiner Sterbebett-Visionen oder ein Beinahe-Verstorbener im Zuge seiner Nahtod-Erfahrungen wahrnimmt und erlebt.

Damit ist freilich noch immer nicht geklärt, warum auch bereits bei einem Menschen, der im Sterben liegt oder der klinisch tot ist, diese Phänomene auftreten können.

Um das verstehen zu können, müssen wir uns auf einen kleinen Exkurs begeben. Wir müssen das *wahre Wesen* des Menschen betrachten. Wir müssen klären, was der Mensch *wirklich* ist.

3.2.2 Das Wesen des Menschen

Die heutigen Naturwissenschaftler glauben das menschliche Wesen zur Gänze verstanden zu haben, wenn sie alle Organe und Funktionen des Körpers erforscht haben. Für eine Seele oder gar für einen Geist ist in diesen Lehren kein Platz mehr. Diejenigen geistig-seelischen Tätigkeiten des Menschen wie Denken, Erinnern, Vorstellen und Fühlen, die derzeit noch nicht hinreichend erklärt werden können, glaubt man, früher oder später auf heute noch nicht bekannte physiologische Wirkfaktoren und Funktionen zurückführen zu können. Im Zweifelsfall müssen das Gehirn oder das Nervensystem herhalten, wenn es darum geht, die Urheber und die Auslöser für solche Tätigkeiten zu suchen.

Etwas überspitzt formuliert sehen die Naturwissenschaftler in dem Menschen nichts weiter als einen hochentwickelten Affen, der sich nur um ein paar Gensequenzen vom Menschenaffen unterscheide. Die Existenz eines Menschen beschränkt sich gemäß ihrer Überzeugung nur auf die recht kurze Zeitspanne zwischen Geburt bzw. Empfängnis und Tod.

3.2.2.1 Der physische Leib

Betrachten wir zunächst den *Körper* des Menschen. Dieser Leib ist in wundervoller Weise aus den mineralischen Stoffen der Erde aufgebaut. Somit können wir ihn *»physischer Leib«* oder *»stofflich-mineralischer Leib«* nennen. Es ist derjenige Leib, den wir mit unseren Sinnen wahrnehmen können und den die Wissenschaft bereits in einem hohen Maße erforscht hat und erklären kann. Dieses Wesensglied ist das einzige, das sich der sinnlichen Anschauung unverhüllt zeigt. Einen solchen materiellen Leib haben auch die Tiere, die Pflanzen und die Mineralien, wenngleich sich diese Leiber in vielerlei Hinsicht voneinander unterscheiden.

Wie man am Beispiel der Menschen, Tiere und Pflanzen sieht, kann ein solcher Leib *belebt* sein. Sobald aus einem solchen Leib das Leben weicht, ist dieser dazu verurteilt zu zerfallen. Die physischen Leiber von verstorbenen Menschen und Tieren verlieren ihre charakteristische Form und lösen sich wieder in diejenigen Stoffe auf, aus denen sie gebildet worden sind; sie verwesen. Das gleiche Schicksal ereilt auch eine abgestorbene Pflanze, die nach einiger Zeit verrottet. Nur Mineralien kann man weitestgehend kennen, indem man nur das Physische beobachtet und studiert.

Zeitgenossen, die der heute so weit verbreiteten materialistischen Weltanschauung anheimgefallen sind, identifizieren ihr Wesen ganz mit ihrem Körper, ihrem physischen Leib. Diesen betrachten sie als ihr einziges Wesensglied. So ist es auch trotz zahlloser Gegenbeweise aus der Nahtod-Forschung sowie der übersinnlichen Nachtod-Forschung immer noch wissenschaftlicher Konsens, dass das menschliche Bewusstsein durch das Gehirn hervorgebracht werde und dass es ohne dieses gar kein Bewusstsein geben könne.

Die These, dass das Bewusstsein an das Gehirn gebunden sei und dass es somit bei einem Gehirn, das nicht mehr arbeitet, das also quasi tot ist, kein Bewusstsein geben könne, ist aber im Grunde nicht haltbar, wenn man weiß, dass unzählige Menschen, die Nahtod-Erfahrungen hatten, schildern, dass sie gewissermaßen außerhalb ihres Körpers, auf den sie von ›oben‹ schauten, waren und – obwohl sie bewusstlos und keine Gehirnaktivitäten mehr messbar waren – alles mitbekamen, was geschah. Sie hatten den Eindruck, über ihrem Körper zu schweben, den sie beispielsweise am Unfallort, auf dem Operationstisch oder im Krankenbett liegen sahen, und konnten genauestens wahrnehmen, was die Sanitäter bzw. Ärzte sowie die Umherstehenden machten und sprachen. Man spricht hier von »*autoskopischen Beobachtungen*« oder »*außerkörperlichen Wahrnehmungen*«. Sie empfanden sich dabei wie ein unbeteiligter neutraler Beobachter.

Auch der in Kapitel 2 (☞ S. 42ff.) geschilderte Fall der ›verblödeten‹ Käthe ist ein Beweis dafür, dass das menschliche Bewusstsein *nicht* durch das physische Gehirn hervorgebracht wird, wie es die materialistische Wissenschaft immer noch lehrt. Wer behauptet, dass, wenn das Gehirn tot ist, auch das Bewusstsein tot ist, gleicht jemandem, der von einem Klaviervirtuosen, den man an ein Klavier setzt, dem keine Töne mehr zu entlocken sind, sagt, er habe das Spielen verlernt. Das Gehirn ist vielmehr nur ein Werkzeug, das der geistig-seelische Wesenskern, das Ich (☞ S. 67ff.), benutzt, um sich in der äußeren Sinneswelt zu betätigen.

Dieser physische Leib des Menschen ist fürwahr ein absolut großartiges Wunderwerk. Wenn man etwa an den vollkommenen Bau sowie die wunderbaren Funktionen des Herzens oder des Gehirns denkt, wird keiner bestreiten, dass es sich hierbei um ganz außergewöhnlich vollkommene und verehrungswürdige Organe handelt.

Dennoch ist dieser wunderbare Leib – wie jeder weiß – sterblich. Nach dem Tode löst er sich durch Verbrennung oder Verwesung wieder in der Erdenwelt auf. Ein Materialist, der ja der Auffassung ist, dass das menschliche Wesen mit seinem physischen Leib erschöpft sei, denkt somit absolut folgerichtig! Wenn dieser stofflich-mineralische Leib alles *wäre*, was den Menschen ausmacht, wenn er wirklich sein *einziges* Wesensglied *wäre*, dann wäre es ein Unsinn, von einem Leben nach dem Tod oder gar von Reinkarnation zu sprechen, da dieser Leib nach dem Tode verwest und letztlich ganz verschwindet! Aber wie wir im Folgenden sehen werden, ist die Annahme, dass das menschliche Wesen mit seinem physischen Leib erschöpft sei, ein gewaltiger Irrtum!

Vom ›wahren‹ Menschen kennt man nur sehr wenig, wenn man ausschließlich seinen physischen Leib seziert und erforscht, wie das die Wissenschaftler machen. Um einen plakativen Vergleich zu wählen, könnte man sagen, dass man, wenn man nur diesen Leib betrachtet, so wenig vom wahren Menschen kennt, wie man von einem Eisberg kennt, wenn man nur die Spitze, die aus dem Meer ragt, betrachtet. Um verstehen zu können, *was* am Menschen unsterblich ist, also den Tod überdauert und durch die wiederholten Erdenleben schreitet, müssen wir wissen, was den Menschen in seiner *gesamten Wesenheit* wirklich ausmacht. Der Mensch ist nämlich *kein* reines »Körperwesen«; er ist *kein* »*ein*gliedriges« Wesen.

Um das menschliche Wesen in seiner Gesamtheit wirklich erfassen zu können, müssen wir einen tieferen Blick auf das »Wesensgefüge« des Menschen, auf seine »Wesensglieder« werfen.

Der *heutige* Mensch besitzt über seinen physischen Leib hinaus noch drei höhere Wesensglieder, welche diesen *durchdringen*. Die gesamte menschliche Organisation, die aus *vier* »*Wesensgliedern*« besteht, zeigt sich nur der Anschauung eines mit Hellsichtigkeit begabten Menschen. Für einen Durchschnittsmenschen *scheinen* die drei höheren Glieder nicht zu existieren. Wenn sich ein solcher aber über die Aufgaben und Wirkungsweise dieser unsichtbaren Glieder informiert, so kann er zumindest ihre Offenbarungen wahrnehmen.

Die drei übersinnlichen menschlichen Wesensglieder und ihre Funktionen, die wir im Folgenden kurz erläutern wollen, waren den Weisen aller früheren Epochen bis zurück in die urindische Kultur vor rund 8.000 Jahren bekannt. Natürlich wurden ihnen damals andere Namen gegeben. Wir wollen uns hier an die Bezeichnungen halten, die in der anthroposophisch orientierten Geisteswissenschaft Rudolf Steiners verwandt werden. Auch wenn die Bezeichnungen nicht so wichtig sein mögen, so braucht man doch ein Begriffssystem, um sich überhaupt verständigen zu können.

Um nun *wirklich* erfahren zu können, was ein Mensch ist, was ihn in seiner Wesenheit auszeichnet und von seinen Mitgeschöpfen unterscheidet, müssen wir ihn – plakativ formuliert – von einem geistigen Seher, wie Rudolf Steiner einer war, ›sezieren‹ lassen. Nur ein Geistesseher ist in der Lage zu erkennen, aus welchen verschiedenen »Wesensgliedern« der Mensch besteht, was ihn also in seiner Gesamtheit ausmacht.

3.2.2.2 Der Ätherleib

Man kann sich zunächst einmal fragen, warum Menschen, Tiere und Pflanzen im Gegensatz zu den Mineralien *Lebe*wesen sind, warum sie wachsen und zur Fortpflanzung bzw. Vermehrung fähig sind. Die dazu benötigten *ursächlichen* Kräfte sind gewiss nicht in dem physischen Leib zu finden, denn über einen solchen verfügen die Mineralien auch.

Nun besitzt der Mensch neben seinem physischen Leib zunächst noch einen »*Ätherleib*«, den man auch »*Lebensleib*« nennt. Der Ätherleib ist das unterste übersinnliche Wesensglied. Ohne diesen ätherischen Leib könnte in dem stofflich-mineralischen Leib kein *Leben* sein. Somit haben nicht nur Menschen, sondern *alle Lebewesen*, also auch Pflanzen und Tiere, einen solchen Leib.

Der Ätherleib ist gewissermaßen der ›Aufbauer‹ oder der ›Architekt‹ des physischen Leibes, der sich aus dem ätherischen herauskristallisiert. Der physische Mensch ist ganz nach Maßgabe seines Ätherleibes gebildet. Dieser Leib enthält die *wirkenden* Kräfte, die jedes Lebewesen bis in seine Zellstruktur beleben und gestalten. Der Ätherleib regt alle Lebensfunktionen des physischen Leibes an, das heißt, er beschützt die Substanz des physischen Leibes dauernd vor dem Zerfall und regelt den Aufbau dieser Substanz. Er ist der Träger der Wachstums- und Fortpflanzungskräfte und insbesondere auch des Gedächtnisses. Im Laufe der Entwicklung wird dieses ›Gewebe‹

von Erinnerungen und Urteilen zur Grundlage von Temperamenten, Gewohnheiten, Neigungen sowie auch des Charakters und des Gewissens. Wenn jemandem irgendeine Verrichtung so vertraut ist, dass er sie jederzeit aus einer Routine heraus ausführen kann, ohne sich darauf besonders konzentrieren zu müssen, sagt man, diese Tätigkeit sei ihm »in Fleisch und Blut« übergegangen. Diese Verrichtung ist ihm zur *Gewohnheit* geworden. Wie alle Gewohnheiten hat sich diese in den Ätherleib ›eingeschrieben‹. Richtigerweise müsste man also sagen, dass diese Tätigkeit – genauer alle Gedanken und Handgriffe, die dazu erforderlich sind – in den Ätherleib übergegangen ist.

Beim erwachsenen Menschen hat der Ätherleib etwa die gleiche Form wie der physische Leib, den er allerdings an allen Seiten ein wenig überragt. Daher bezeichnete Rudolf Steiner ihn auch als »*Doppelgänger*« des physischen Leibes, in dem die verschiedenen Kraftgestalten des physischen Leibes zu erkennen sind. Der ätherische Leib ist durchaus ähnlich organisiert wie der physische, nur sehr viel komplizierter. Während im physischen Leib voneinander mehr oder weniger abgesonderte Teile vorhanden sind, ist im Ätherleib alles in einem lebendigen Durcheinanderfließen. Der Ätherleib ist nicht nur mit feinen Äderchen und Strömungen durchzogen, sondern er hat auch Organe. Jedem physischen Organ ist ein entsprechendes Ätherorgan zugeordnet, das dieses gestaltet und ständig regeneriert. So kann man beispielsweise von einem »*Äthergehirn*«, einem »*Ätherherzen*«, einer »*Ätherleber*«, einer »*Ätherlunge*« usw. sprechen. Die menschlichen Organe könnten in der Form, die sie aufweisen, weder überhaupt entstehen noch erhalten werden, wenn in dem ätherischen Leib, der den physischen durchzieht, keine Ätherorgane wären. Der Ätherleib weist auch Gliedmaßen auf, also beispielsweise »*Ätherarme*«, »*Ätherhände*«, »*Ätherfinger*« und so fort.

Dem Blick eines Hellsehers stellt sich der menschliche Ätherleib als ein innerlich leuchtendes, durchscheinendes, aber nicht ganz durchsichtiges »*Kraftgebilde*« dar. Bei einem gesunden Menschen hat er die Farbe der jungen Pfirsichblüte. Es glänzt und glitzert alles an diesem Lichtleib in den unterschiedlichsten Farbschattierungen und Helligkeitsgraden.

Es ist ja nicht verwunderlich, dass die Wissenschaft so verhältnismäßig wenig über das Gedächtnis weiß, da sie seinen Sitz im *physischen* Gehirn sucht. Dieses Gehirn ist für den Menschen aber nur in der *physischen* Welt – also solange er im Erdenleben weilt – vonnöten, damit etwas Erinnertes, also aus dem ätherischen Gehirn Heraufgeholtes, zum Bewusstseinsinhalt werden kann. Das physische Gehirn ist nicht mehr, aber auch nicht weniger als ein Werkzeug bzw. ein ›Spiegelungsapparat‹. Somit könnte man etwas plakativ, aber durchaus mit Berechtigung sagen, dass bei einem hirntoten Menschen lediglich dieser Spiegelungsapparat defekt ist. Zu Lebzeiten wird der ätherische Leib mit seinen Gedächtniskräften sehr stark vom physischen Leib eingeschränkt. Um etwas Erinnertes freigeben zu können, ist er auf die vermittelnden Dienste des physischen Organismus angewiesen. Die Erinnerungen sind zwar ganz wesentlich im Äthergehirn konzentriert, sie erstrecken sich im Grunde aber auf den gesamten ätherischen Leib, also auch auf die Ätherorgane.

Wenn das physische Gehirn einen Schaden hat – wie das etwa bei einer Demenzerkrankung der Fall ist –, so ist es kein reiner Spiegel mehr, so dass es viele Erinnerungen aus dem Ätherleib nicht mehr spiegeln und somit auch nicht zum Bewusstsein bringen kann. Das, woran sich ein Mensch in seinem Erdenleben – zumindest einigermaßen – zu erinnern vermag, bildet nur eine verschwindend geringe Teilmenge aller im Ätherleib aufbewahrten Erinnerungen. Der ätherische Leib ist ein treuer Bewahrer von *allem*, was der Mensch jemals erlebt hat. Auch solche Ereignisse bzw. Erlebnisse, die nie die Bewusstseinsschwelle überschritten haben, an die sich der Mensch also im Erdenleben niemals erinnern könnte, sind hier einverwoben.

Wenn der Mensch durch die Geburt ins physische Dasein schreitet, so hat sein *neuer* Ätherleib noch die Resultate dessen, wie er in seiner früheren Inkarnation gelebt hat. Da dieser ätherische Leib der Aufbauer der neuen physischen Organisation ist, prägt sich das jetzt alles auch in den physischen Leib ein.

Der Ätherleib bleibt während einer irdischen Inkarnation *immer*, auch im Schlafe, mit dem physischen Leib verbunden. Erst im Augenblick des biologischen, also endgültigen Todes trennt er sich von diesem ab. Man könnte auch sagen, dass der ätherische Leib den physischen *entlässt*. Sofort weicht aus letzterem das Leben, er wird zum Leichnam.

Wenige Tage nach dem Tod legt der Mensch den größten Teil des ätherischen Leibes ab, der dann in den Kosmos einverwoben wird. Nur einen eher kleinen Teil nimmt er als unvergängliche Essenz auf seinen weiteren nachtodlichen Weg sowie ins nächste Erdenleben mit.

3.2.2.3 Der Astralleib

Man könnte jetzt weiter fragen, warum Menschen und Tiere im Gegensatz zu Pflanzen oder gar Mineralien Gefühle, Empfindungen, Begierden und Triebe haben. Diese können offensichtlich weder im physischen noch im ätherischen Leib gefunden werden, denn diese beiden Wesensglieder haben die Pflanzen auch.

Der Mensch besitzt über den physischen und ätherischen Leib hinaus noch ein weiteres immaterielles Wesensglied, das die ätherische Hülle umschließt: den sogenannten *»Astralleib«*, *»Empfindungsleib«* oder *»Seelenleib«*, der von manchen Esoterikern auch als *»Emotionalkörper«* bezeichnet wird.

Innerhalb dieses Leibes erscheint das *Eigenleben* des Menschen. Es drückt sich dadurch aus, dass dieser Lust oder Unlust, Freude oder Schmerz usw. erlebt.

Der Astralleib ist der Träger von Gefühlen, Begierden, Trieben, Wünschen, Leidenschaften und dergleichen. Durch ihn werden Sympathien und Antipathien erregt. Die Fähigkeit, solche Empfindungen zu erleben, teilt der Mensch nur mit den Tieren, die auch einen solchen übersinnlichen Leib besitzen. Auch hier ist es natürlich wieder so, dass der Mensch, solange er auf der Erde verkörpert ist, des Nervensystems bedarf, damit er etwa Schmerzen empfinden kann.

Der astralische Leib ist auch der Träger des sogenannten Unterbewusstseins, das man auch *»astralisches Bewusstsein«* nennt und das nicht mit dem Selbstbewusstsein verwechselt werden darf. Das astralische Bewusstsein ist ungleich weiser als unser Tages- oder Oberbewusstsein.

Einem Geistesseher zeigt sich das Bild des astralischen Leibes als eine Art ›Lichtwolke‹, die sogenannte *»Aura«*, die den physischen und ätherischen Leib umhüllt und den Kopf etwa um zwei bis drei Kopflängen überragt. Diese eiförmige Aura glänzt in den unterschiedlichsten Farben, je nach den jeweiligen Begierden, Trieben usw.

Auch der Astralleib ist im Prinzip ähnlich organisiert wie der physische und der ätherische Leib. Er löst sich im Schlafe aus seiner Organisation mit den beiden übrigen Leibern. Dann gehört es unter anderem zu seinen Aufgaben, den physischen Leib zu erfrischen und Abnutzungserscheinungen auszugleichen.

Der Astralleib ist durch ein feinstoffliches ›Band‹ über den Ätherleib fest mit dem physischen Leib verbunden. Dieses zeigt sich dem Hellseher als feines, silbrig leuchtendes Band, die sogenannte *»Silberschnur«*, das in der Milzgegend in den physischen Leib einmündet. Solange der Mensch auf der Erde lebt, ist diese Verbindung unzerreißbar. Daher spricht man bisweilen auch vom *»Lebensfaden«*. Erst im Augenblick des *biologischen*, also endgültigen Todes zerreißt dieses Band. Das Zerreißen der Silberschnur ist unumkehrbar.

Der Mensch verliert nach dem Tod seinen Astralleib zunächst nicht. Im Durchschnittsfall legt er erst einige Jahrzehnte, nachdem er durch die Pforte des Todes gegangen ist, den größten Teil seines astralischen Leibes ab. Nur einen gewissen Extrakt nimmt er als Frucht seines Lebens mit auf seinen weiteren Weg durch die höheren Welten.

Die Frage, was vom Menschen unsterblich ist, was ihm in der gesamten Zeit seines nachtodlichen Lebens von seinem Wesensgefüge bleibt und durch die vielen Erdenleben schreitet, steht immer noch im Raum. Der physische Leib löst sich nach dem Tod völlig in der Erdenwelt auf, und von den beiden anderen Leibern nimmt der Mensch nur einen gewissen Teil als unvergängliche Essenz mit auf seinen weiteren Weg. Hätte der Mensch nur *diese drei* Wesensglieder, so wäre es immer noch unsinnig, wenn man sagen würde, dass er unsterblich sei und ewig existiere.

3.2.2.4 Das Ich

Nun besitzt aber der Mensch in der Tat noch ein viertes Wesensglied, das ihn *weit* über das Tierreich erhebt: das *»Ich«*. Hätte der Mensch nicht dieses Ich, so hätten die Materialisten recht; dann wäre er nur ein hochentwickelter Affe.

Dieses Wesensglied, das sich einem Hellseher als ovale bläuliche Hohlkugel im Stirnbereich zwischen den Augen zeigt, ist genau wie der Astralleib ein Bewusstseinsträger. Dieses an das Ich gekoppelte Bewusstsein, das *»Ich-Bewusstsein«* oder *»Selbst-Bewusstsein«*, leuchtet im Erdendasein eines Menschen etwa im dritten Lebensjahr erstmals auf. Ab diesem Zeitpunkt kann sich ein Kind seelisch als ein *»Ich«* bezeichnen. Es wird fähig, dieses Wort richtig zu verwenden. Es wird dann nicht mehr sagen *»Keks haben«* oder *»Maxi möchte einen Keks«*, sondern *»Ich* möchte einen Keks«. Die übliche Erinnerung, die ein Mensch in seinem *Erden*leben hat, reicht *höchstens* bis zu diesem Ereignis zurück.

Dieses Ich-Bewusstsein ist – zumindest wenn man von den Phasen, in denen der Mensch wacht, absieht – *völlig unabhängig* vom physischen Leib und somit auch nicht an das Gehirn gebunden. Es ist das entscheidende Bewusstsein, das er in der gesamten Zeit zwischen Tod und neuer Geburt hat.

Das Ich ermöglicht es dem Menschen, sich als eigenständiges und seiner selbst bewusstes Wesen erkennen und von seinen Mitmenschen und seiner Umgebung abgrenzen zu können. Jeder Mensch kann sich selbst als ein *»Ich bin«* wahrnehmen. Das Ich, das man auch als *»Selbst«* bezeichnen könnte, erlaubt ihm, sich über seine bloßen Gefühle und Triebe hinaus selbst zu bestimmen. Dadurch kann er dazu kommen, ordnende Begriffe und Gedanken zu bilden. Das Ich macht es dem Menschen möglich, aus eigenem Antrieb heraus tätig zu werden und moralischen Idealen nachzustreben, anstatt nur blind seinen Trieben zu folgen, wie es bei den Tieren der Normalfall ist. Vermöge seines Ichs ist jeder Mensch in der Lage, sich Ziele zu setzen und eigene Entscheidungen zu treffen, ohne sich von Autoritäten bevormunden zu lassen.

Nicht einmal ein krasser Materialist kann leugnen, dass es im Menschen eine ›Instanz‹ gibt, die über diejenigen Fähigkeiten verfügt, die wir dem Ich zuschreiben müssen. Allerdings wird er heftig bestreiten, dass es sich dabei um etwas Eigenständiges, Immaterielles handele. Vielmehr wird er diese Fähigkeiten auf irgendwelche Gehirnfunktionen zurückführen. Wenn ein solcher ehrlich und konsequent wäre, dürfte er aber auch nicht sagen: »*Ich denke.*« Stattdessen müsste er eigentlich sagen: »*Mein Gehirn denkt.*«

Dieses Ich ist nichts Geringeres als der »geistig-seelische Wesenskern« des Menschen, der als »göttlicher Funke« in ihm lebt. Rudolf Steiner sagte dazu: »*Wir müssen uns klar sein, dass wir zunächst in uns haben den geistig-seelischen Wesenskern, den wir zusammenfassen in seinem Mittelpunkt, wenn wir ›Ich‹ oder ›Ich bin‹ sagen. Dieser geistig-seelische Wesenskern ist eingebettet in den Astral-, Äther- und physischen Leib. So wie der Mensch jetzt in der Welt lebt, leben wir eigentlich, wenn wir innerlich leben, in unserem Ich; denn alle Seelentätigkeiten sind bei dem wachen Menschen mit dem Ich in irgendeiner Weise verknüpft, erscheinen gleichsam alle auf dem Hintergrunde des Ich.*«[30]

Im Schlaf löst sich das Ich zusammen mit dem Astralleib vom physischen und ätherischen Leib und erhebt sich in die sogenannte Astralwelt, die erste übersinnliche Welt, in der es bestimmte Erlebnisse hat, die den weitaus meisten Menschen, die noch nicht über die sogenannte »*Kontinuität des Bewusstseins*« verfügen, freilich nicht bewusst werden.

Das Ich, das die eigentliche menschliche »*Individualität*« repräsentiert, bleibt dem Menschen als einziges *ureigenes* Wesensglied in der gesamten nachtodlichen Zeit *vollständig* erhalten, wenngleich das Bewusstsein seiner selbst, also das Ich-Bewusstsein, phasenweise stark herabgedämpft sein kann und anderer Art ist, als es im Erdenleben der Fall ist. Auch Goethe wusste, dass das Ich den Tod überdauert und unauslöschlich ist: »*Der Körper wird wie ein Kleid zerreißen, aber ich, das wohlbekannte Ich, ich bin.*« In der Zeit der Aufklärung machten sich zahlreiche Philosophen Gedanken über das Wesen des Ichs. Johann Gottlieb Fichte charakterisierte es mit den Worten: »*Mache Dich selbst ewig, anstatt das Nichts zu erwarten! Das Bild der Ewigkeit ist in Dir. Bring' es heraus! ›Ich‹ ist sein Name. Ich für immer!*«

Der Mensch ist also, wenn er auf der Erde verkörpert ist, ein *viergliedriges* Wesen, das aus dem physischen Leib, dem Ätherleib, dem Astralleib und dem Ich besteht. Selbstverständlich hat auch die in früheren Zeiten noch bekannte und allgemein anerkannte *Dreigliederung* des Menschen, nach der er aus *Körper*, *Seele* und *Geist* besteht, ihre volle Gültigkeit.

Zu dem, was man als Körper bezeichnet, gehören der physische Leib und der Ätherleib, die ja im Erdenleben immer fest miteinander verbunden sind. Etwas vereinfacht kann die Seele mit dem Astralleib gleichgesetzt werden. Das Ich befindet sich gewissermaßen im ›Grenzbereich‹ von Seele und Geist. Das Ich ist eigentlich bereits ein geistiges Wesensglied, das sich beim Durchschnittsmenschen seiner geistigen Wesenheit allerdings noch nicht bewusst ist. Der deutsche Arzt und Schriftsteller Carl Ludwig Schleich (1859 bis 1922), der als Erfinder der Anästhesie gilt, drückte es folgendermaßen aus: *»Bewusstsein ist die Beobachtung des Ichs, das Innewerden dessen, dass ich ein Ich bin. Das Ich ist die kondensierte Seele. Das Ich ist die Brücke vom Geist zur Seele.«*[31]

3.2.3 Die wirkliche Erklärung für die beschriebenen Phänomene

Um nun die Phänomene, um die es in diesem Buch geht, wirklich erklären zu können, mussten wir uns zunächst mit dem viergliedrigen Wesensgefüge des Menschen befassen. Die ganz entscheidende Rolle spielt nun der *Ätherleib*.

3.2.3.1 Die Lebensrückschau *nach* dem Tod

Die beschriebene Lebensrückschau wird sich *jedem* Menschen, der tatsächlich und unumkehrbar die Schwelle des Todes überschritten hat, schon ganz kurz nach dem Tod darbieten.

Wodurch kommt diese zustande?

Nun, wie gewiss jeder Leser bestätigen wird, gelingt es uns allen doch nur in einem sehr begrenzten Maße, etwas zu erinnern, was wir vor Jahren oder gar in unserer Kindheit erlebt haben. Nehmen wir ein konkretes Beispiel: Wer vermag sich noch in allen Einzelheiten an seinen allerersten Schultag, den Tag seiner Einschulung zu erinnern? Wer kann sich noch in Erinnerung rufen, welche Kleidung er an diesem Tag trug, was er gefrühstückt hat, wer ihn auf dem Weg zur Schule begleitete, wie das Klassenzimmer beschaffen war, wie viele und welche Mitschüler er hatte, wie diese sowie sein Lehrer ausschauten, was der Lehrer alles gesagt hat, wie dieser auf ihn gewirkt hat, was er, als er wieder zu Hause war, erzählt und gemacht hat usw.? Nicht einmal an unsere letzte Familienfeier – selbst wenn diese erst vor ein paar Tagen stattgefunden haben sollte – können wir uns, solange wir verkörpert sind, bis ins *kleinste Detail* erinnern. Die Reminiszenzen an unsere ersten etwa drei Lebensjahre, als unser Ich-Bewusstsein noch nicht erwacht war, sind zu Lebzeiten gar nicht abrufbar. Obwohl der Ätherleib, der ja der Träger des Gedächtnisses ist, *alle* Erinnerungen, die diesem eingeprägt sind, treulich aufbewahrt, ist die Erinnerung an unser bisher verflossenes Leben mehr als lückenhaft. Zudem sind die Erinnerungsbilder, die in unserem Inneren aufsteigen, sehr blass und schattenhaft.

Woran liegt das?

Das liegt daran, dass der Ätherleib, namentlich das Äthergehirn, zu Lebzeiten sehr stark von dem physischen Gehirn eingeschränkt wird. Das physische Gehirn kann mit dem ätherischen nicht Schritt halten; es ist viel zu starr und fest.

Unmittelbar nach Eintritt des Todes legt der Mensch seinen physischen Leib ab. Der Ätherleib, der im Erdenleben immer – auch im Schlaf – mit dem physischen Leib verbunden ist, löst sich endgültig von diesem ab. Dadurch wird der Ätherleib *frei* von dem physischen Leib und dem physischen Gehirn, das ihn jetzt nicht mehr begrenzen, behindern und einschränken kann. Das hat dann zur Folge, dass es über einen Zeitraum von etwa drei Tagen für den Verstorbenen zu dem grandiosen Erlebnis der bereits beschriebenen Lebensrückschau kommt (☞ S. 51ff.).

3.2.3.2 Die Lebensrückschau und andere übersinnliche Wahrnehmungen *kurz vor* dem Tod

Das, was wir oben über die Lebensrückschau beschrieben haben, gilt aber für Menschen, die tatsächlich gestorben sind. Wie lässt sich jetzt erklären, dass auch ein Mensch, der nur beinahe gestorben wäre oder der sich in der finalen Phase seines Sterbeprozesses befindet, diese Lebensrückschau haben kann?

Nun, dieser Lebensrückblick, das Aufleuchten des Lebenspanoramas, kann bereits dann einsetzen, wenn sich nur ein Teil des ätherischen Leibes löst oder wenn dieser sich sehr stark lockert, so dass der restliche Teil noch mit dem physischen Leib verbunden bleibt. Das tritt im Normalfall dann ein, wenn der Mensch ganz nah an der Schwelle des Todes steht. Dieses Lebenspanorama kann dadurch erlebt werden, dass der Ätherleib als Träger der Erinnerungen sich von der hemmenden Wirkung des physischen Leibes befreit, aber zugleich vom Bewusstseinslicht des Astralleibes durchzogen bleibt. Ansonsten hätte man es mit der gleichen Konstellation wie sie im unbewussten traumlosen Schlaf vorliegt zu tun, dass Äther- und Astralleib sich nicht durchdringen, sondern komplett voneinander getrennt sind. Dass jemand, der Nahtod-Erfahrungen hatte, in dieser sehr kleinen ›Zeitspanne‹ allein so unfassbar viele Szenen aus seinem Leben wahrnehmen kann, liegt nicht zuletzt darin begründet, dass die Wahrnehmungsfähigkeit – wie auch nach dem tatsächlichen Tod – extrem gesteigert ist.

Man muss nicht einmal unbedingt klinisch tot sein, wie das bei Menschen die Nahtod-Erfahrungen hatten, meistens der Fall ist, um diese Lebensrückschau zu erleben. Auch bei Menschen, die in akuter Todesgefahr waren, wie das etwa bei einem drohenden Bergabsturz oder einem sonstigen Unfall oder bei der Gefahr zu ertrinken geschehen kann, kann sich der Ätherleib ein wenig lockern, so dass die Betroffenen – oftmals nur für den Bruchteil einer Sekunde – Bilder ihres Lebens wahrnehmen können. Selbst ein gewaltiger Schreck, wenn also jemand buchstäblich »zu Tode erschrocken« ist, kann dazu führen. Rudolf Steiner sagte dazu: *»Nun habe ich auch schon erwähnt, dass eine solche Rückschau auf das Leben auch eintritt, wenn der Mensch in irgendeiner Todesgefahr ist oder sonst irgendein gewaltiger Schreck, ein Schock, auf ihn ausgeübt wird. Sie wissen es ja schon aus Erzählungen, dass der Mensch, wenn er dem Ertrinken oder einem Bergabsturz nahe ist und er das Bewusstsein nicht verliert, wie in einem großen Tableau sein ganzes bisheriges Leben erlebt.«*[32]

In diesem Buch geht es ja nicht so sehr um Nahtod-Erlebnisse, sondern die mysteriösen Wahrnehmungen Sterbender, über die wir in Kapitel 2 geschrieben haben. Im Gegensatz zu den Nahtod-Erfahrungen, bei denen das Gehirn der betreffenden Menschen im Prinzip ›ausgeschaltet‹ ist und eine tiefe ›Bewusstlosigkeit‹ vorliegt, vollziehen sich die Sterbebett-Visionen in Phasen, die immer wieder von mehr oder weniger klarem Wachbewusstsein abgelöst werden. Etwas plakativ könnte man davon sprechen, dass ein Sterbender in den letzten Stunden und Tagen vor dem Schwellenübergang zwischen den Welten, der sinnlichen und der übersinnlichen Welt, ›hin und her wandert‹. Mal ist er schon tief in der übersinnlichen Welt, die ihm bereits viel realer erscheint als die physische Welt, die er sich zu verlassen anschickt, mal ist er wieder mehr im ›Hier und Jetzt‹.

Man kann sich die Frage stellen, wie es zu solchen Erlebnissen bereits bei Menschen kommen kann, die ja nicht klinisch tot sind und im Grunde noch ganz ›normal‹ leben.

Nun, der Ätherleib löst sich im Augenblick des Todes normalerweise nicht in einem Ruck. Schon Tage vor dem Tod beginnt dieser, sich ein wenig aus der menschlichen Organisation herauszulösen. Das gesamte leiblich-seelisch-geistige Wesensgefüge des Sterbenden lockert sich umso mehr, je mehr er sich dem Schwellenübergang nähert. Dadurch lebt der Sterbende teil- und zeitweise schon in einer anderen Erfahrungswelt. Wie bereits kurz angedeutet, kann man das zumeist an gewissen Symptomen ablesen. Zum einen erscheint er jetzt – zumindest zeitweise – von einer gewissen Ruhe und Gelassenheit durchdrungen zu sein, zum anderen wirkt er nun häufig wie ›entrückt‹ und scheint durch alles Physische hindurchzuschauen.

Der Sterbende ›lebt‹ also in diesen Phasen schon in der übersinnlichen Welt, so dass er jetzt bereits die Wahrnehmungen haben kann, die er nach dem Schwellenübertritt in voller Klarheit hat, also insbesondere die Begegnung mit Verstorbenen aus seinem Lebensumfeld und mit seinem Engel. Auch Bilder der Lebensrückschau können schon aufblitzen. *»Wenn die Zeit gekommen ist, da der Mensch seinen Erdenweg vollendet, treten gewisse Veränderungen bei ihm ein; natürlich nicht fühlbar für die Menschen, außer vielleicht für den Hellseher. Wir aber, die wir den physischen Körper schon überwun-*

*den haben, wir fühlen sofort, wenn der Übergang stattfinden soll;
etwa 8 Tage vorher fängt das an. Man kann es mit gewissen Ver-
schiebungen vergleichen, so dass die einzelnen Körper* [Wesensglie-
der] *dieses Menschen nicht mehr ordentlich ineinander ruhen.*«[33]

Auch die Geistesklarheit bzw. die erstaunlichen Erinnerungsfähig-
keiten, die bei etlichen Sterbenden zu beobachten sind, sind auf den
sich langsam aus der Leibesorganisation herausziehenden Ätherleib
zurückzuführen. In dem Moment, in dem Käthe (☞ S. 42ff.) dem
Tod schon sehr nahe war, zog sich auch ihr Ätherleib langsam aus
dem physischen Leib heraus, so dass die Erinnerung an das Lied,
das sie vermutlich in ihrer Kindheit gehört hatte, auflebte.

Um es auf einen kurzen Nenner zu bringen, kann man sagen, dass
sich einem Sterbenden – wenngleich nicht in einem so hohen Maße
wie einem Menschen, der Nahtod-Erfahrungen hat – bereits diejenigen Wahrnehmungen und Erlebnisse bis zu einem gewissen Grad
erschließen, die er nach dem Tod definitiv haben wird.

Wenn man die Rolle, die der *Ätherleib* dabei spielt, kennt, so sind
Sterbebett-Visionen alles andere als unverständlich und mysteriös.

Kapitel 4

Weitere Aspekte, die im Sterbeprozess insbesondere für die Begleiter von Bedeutung sind

*I*n diesem abschließenden Kapitel wollen wir noch ein paar weitere Aspekte beleuchten, die im Sterbeprozess eines Menschen – insbesondere auch für die Angehörigen und Begleiter – von großer Bedeutung sind.

4.1 Lebensschilderungen

*V*iele Sterbende haben – insbesondere in der vierten Phase des Sterbeprozesses – einen großen Bedarf, sich ihren Begleitern mitzuteilen. Namentlich ist es ihnen ein Bedürfnis, aus ihrem Leben zu erzählen.

Die Motive dafür können sehr unterschiedlicher Art sein. Häufig freuen sie sich einfach, dass ihnen jemand interessiert und aufmerksam zuhört, was ihnen den Eindruck vermitteln kann, dass ihr Leben mit allen Erfahrungen, mit allen Höhen und Tiefen doch eine gewisse Bedeutung hatte.

Solche Lebensschilderungen können sehr fruchtbar sein. Zunächst einmal kommen dem Patienten die geschilderten Erlebnisse viel klarer und deutlicher zu Bewusstsein, als wenn er sie nur gedanklich erinnern würde. Man sollte diese Schilderungen niemals unterbinden, selbst dann nicht, wenn sie häufig von den gleichen Begebenheiten handeln. Wenn man als Begleiter es versteht, ganz genau zuzuhören, wird man oftmals feststellen können, dass bestimmte Erlebnisse bei jedem erneuten Erzählen eine etwas andere Färbung aufweisen. Der Unterschied liegt darin, dass der Patient die geschilderte Situation von Mal zu Mal selbstkritischer sieht. Während er beim ersten Erzählen eine Begebenheit meistens noch ziemlich neutral, vielleicht sogar etwas ›blauäugig‹ betrachtet, wird bei jedem erneuten Erzählen deutlich, dass er seine Rolle in der Geschichte realistischer und selbstkritischer sieht. Das kann zu einer hohen

Selbsterkenntnis führen, die im Leben nach dem Tod von großer Bedeutung ist.

Man sollte den Patienten vielleicht sogar *immer wieder* bitten, aus seinem Leben zu erzählen. Das kann durchaus eine ganz gute Vorbereitung für gewisse Phasen seines nachtodlichen Lebens darstellen.

4.2 Klärende Gespräche mit Mitmenschen

E s dürfte wohl nur eher wenige Menschen geben, die am Ende ihres Lebens mit sich und ihren Mitmenschen *völlig* im Reinen sind. Vielen wird gerade im Angesicht des nahenden Todes – oftmals insbesondere in der vierten Sterbephase – deutlich vors Seelenauge treten, dass sie noch mit einem Angehörigen, Freund oder Bekannten zerstritten sind oder dass sie sich einem Menschen gegenüber aus irgendwelchen Gründen noch schuldig fühlen.

Hierbei kann es sich durchaus um Verfehlungen handeln, die schon viele Jahrzehnte zurückliegen. Kurz vor dem Tod werden sich viele Sterbende dieser Verschuldungen bewusst, die sie in gesunden Tagen verdrängt haben. Nun kommt es nicht selten vor, dass sie sich ihre ›Sünden‹ noch von der Seele reden wollen; sie wollen ihrer Seele regelrecht Luft verschaffen. Gerade ein außenstehender Begleiter wird dann häufig ins Vertrauen gezogen. Diese Chance sollte man beim Schopfe fassen.

Nicht jeder Patient wird von sich aus ein solches Gespräch beginnen wollen. Oftmals spürt man als Begleiter aber, dass ihm noch etwas schwer auf der Seele lastet. In einem solchen Fall könnte man ganz behutsam versuchen, ihn zum Erzählen zu ermutigen. Sich absolut jeder Wertung oder Beurteilung enthaltend, sollte man dem Patienten ausführlich Gelegenheit geben, sich durch sein Erzählen ›freizureden‹. Sofern er es wünscht, sollte man alles daransetzen, dass es vielleicht noch rechtzeitig zu einer Aussprache oder gar Versöhnung mit dem betroffenen Menschen kommen kann. Solange er noch auf der Erde weilt, kann er die Verhältnisse zu seinen Mitmenschen noch ändern. Diese Möglichkeit hat er nach seinem Durchgang durch die Todespforte nicht mehr. Sollte es noch zu einer Aussöhnung kommen, so wird der sterbende Mensch das auch in seinen letzten Lebenstagen als eine große Erleichterung empfinden. Eine solche Erleichterung basiert darauf, dass er instinktiv ahnt, dass er sich dadurch von etwas befreit hat, was ihn ansonsten nach seinem Übergang in die übersinnlichen Welten sehr belastet hätte.

Selbst wenn man es nur aus einer ganz weltlichen Warte zu sehen vermag, gehört es zu den befriedigendsten, ja beglückendsten Erfahrungen, die man als Begleiter eines Sterbenden machen kann, wenn man erkennt, dass er durch eine solche Aussprache oder gar durch eine Versöhnung mit seinen Mitmenschen von einer schweren Last befreit werden konnte.

4.3 Aggressives und trotziges Verhalten des Sterbenden

Einige Menschen legen vorwiegend in den letzten Tagen vor dem Tod – meistens nur für eine kurze Zeit – ein äußerst befremdliches Verhalten an den Tag, das für sie eigentlich sehr ungewöhnlich ist, das nicht mit ihrem Charakter und ihrer Mentalität vereinbar scheint und das für die Angehörigen und Begleiter bisweilen sehr beunruhigend, ja furchteinflößend sein kann.

Dieses Verhalten zeigt sich häufig darin, dass sie widerwillig jede gut gemeinte und notwendige Hilfe ablehnen, dass sie sich zu irgendwelchen Aktivitäten aufraffen wollen, die sie in ihrem schwachen Zustand gar nicht mehr bewältigen könnten, und dass sie äußerst trotzig, ja sogar sehr aggressiv und bösartig werden können. Dabei kommt es durchaus vor, dass sie ihre Angehörigen und Begleiter wüst beschimpfen oder mit drastischen Worten von sich weisen. Es kann auch sein, dass sie Obszönitäten aussprechen oder einen ganz sonderbaren und eigenwilligen Humor an den Tag legen. Dabei können Stimme und Tonfall völlig verändert klingen. Die Ursache für dieses ungewöhnliche Verhalten liegt meistens darin, dass sie gewisse Emotionen aufwühlen, dass unbewältigte Probleme hochkommen, über die sie aber nicht mehr reden wollen oder können. Auch die quälende Angst, die in der Sterbephase sehr häufig zu beobachten ist, mag ein Grund sein. Gemäß Rudolf Steiner darf ein solches Verhalten nicht dem Ich des Menschen, also nicht der menschlichen Individualität zugeschrieben werden, sondern seinem sogenannten »*Doppelgänger*«.[34]

Wie kann man ein Verständnis für dieses sonderbare ›Wesen‹ finden?

Nun, *jeder* Mensch hat so seine ›Schattenseiten‹, seine vielen kleinen und großen Schwächen, Fehler und Verirrungen. Es gehört zu seinen Aufgaben, diese immer wieder mit seinem Ich ganz bewusst anzuschauen und aufzuarbeiten. Zu dieser Selbstreflexion sind viele Menschen nicht fähig oder nicht bereit. Sie ziehen es vor, ihre Schattenseiten zu verdrängen, was natürlich viel einfacher ist. Von allem, was im menschlichen Unterbewusstsein lebt, greift dieses Wesen, der Doppelgänger, Besitz. Dieser Doppelgänger ›steckt‹ ebenso in der menschlichen Organisation drin wie die eigene Seele. Wenn man ihn verleugnet, macht man ihn stark. Auch während des Lebens, das noch nicht dem Ende entgegengeht, ist es möglich, dass sich dieser Doppelgänger ›meldet‹. Wer hätte nicht schon einmal erlebt, dass einem in manchen extremen Situationen, in denen man sich beispielsweise sehr gereizt, verärgert oder provoziert fühlt, drastische Reaktionen oder Worte herausplatzen, über die man keine Kontrolle zu haben scheint. Schon wenige Augenblicke später, wenn das Ich wieder die Oberhand gewonnen hat, weiß man oft gar nicht so genau, was eigentlich passiert ist und schämt sich ›seines‹ Verhaltens. Es ist durchaus anzunehmen, dass in vielen Fällen auch psychopathische Phänomene wie etwa Schizophrenie oder Besessenheit durch ein Überhandnehmen des Doppelgängers verursacht werden können.

Bei vielen Menschen meldet sich der Doppelgänger zeit ihres Lebens nicht zu Wort, selbst dann, wenn sie in ihrem Unterbewusstsein viele unaufgearbeitete Dinge gespeichert haben. Sobald aber der Tod naht, so weiß der Doppelgänger, dass auch er den physischen Leib verlassen muss, was ihm überhaupt nicht behagt. Sofern er dadurch, dass der Mensch ihn jahrelang verleugnet und ignoriert hat, stark genug geworden ist, beginnt er jetzt häufig heftig zu rumoren, was sich in dem oben skizzierten Verhalten äußern kann.

Was kann man in einem solchen Fall als Begleiter machen?

Zunächst einmal sollte man sich ganz deutlich ins Bewusstsein rufen, dass dieses unflätige Verhalten nicht dem sterbenden Menschen angelastet werden darf. Da die Sterbenden in diesem Zustand meistens nicht bereit und fähig sind, konstruktiv zu reden und häufig auch nicht mehr richtig zuhören wollen oder können, kann ein klärendes Gespräch im Allgemeinen keinen Sinn mehr machen. Freilich sollte man versuchen, den Patienten durch angemessene Worte und Berührungen zu beruhigen. Man sollte sich in einem solchen Fall insbesondere der heilenden Macht des Gebetes anvertrauen, das man ja durchaus auch still sprechen kann. Neben den üblichen Gebeten – wie etwa dem Vaterunser – könnte man sich auch mit eigenen Worten bittend an den Schutzengel des zu Begleitenden oder an Christus wenden.

4.4   Der Umgang mit Schmerzen in der finalen Phase

Wir müssen nun auf ein Thema zu sprechen kommen, das in unserer heutigen Zeit etwas einseitig gesehen wird.

Viele Sterbende werden in den letzten Tagen und Wochen vor Eintritt des Todes von heftigen physischen Schmerzen heimgesucht. Das gilt insbesondere für nahezu alle, die an Krebs im Endstadium leiden. An dieser heimtückischen Krankheit stirbt heute fast jeder vierte Mensch in der westlichen Welt. Die Palliativmedizin ist mittlerweile so weit fortgeschritten, dass nahezu kein Sterbender diese starken Schmerzen mehr ertragen muss. Ein Arzt oder eine erfahrene Palliativkraft ist in der Lage, die schmerzlindernden Substanzen so gezielt zu dosieren, dass der Patient bis zum Augenblick des Todes permanent *weitgehend* schmerzfrei sein kann, ohne dass er das mit einer *allzu starken* Herabdämpfung seines Bewusstseins bezahlen müsste. Diese Tatsache stellt gewiss einen Segen für viele Patienten und ihre Angehörigen dar.

Dennoch soll an dieser Stelle ein wenig hinterfragt werden, ob diese radikale Schmerzbekämpfung auch aus *spiritueller* Sicht als *Ideal* gelten kann. Auf den ersten – und vielleicht auch noch auf den zweiten Blick – mag es höchst sonderbar klingen, eine solche medizinische Errungenschaft in Frage zu stellen. Die Vorteile einer Schmerztherapie in der finalen Phase des Lebens liegen zu deutlich auf der Hand. Schließlich könnte sich ein Sterbender, der noch stärkste Schmerzen auszuhalten hätte, vermutlich nicht mehr in einer angemessenen Weise aus seinem Lebensumfeld und von seinen Angehörigen verabschieden. Er hätte vielleicht nicht mehr die Kraft, noch bestimmte Dinge zu klären und zu regeln.

Bevor wir wieder auf die Schmerztherapie bei Sterbenden zurückkommen wollen, soll hier noch über das Thema »Umgang mit Schmerzen« in einem viel weiteren Rahmen nachgedacht werden. Wir leben seit Jahrzehnten in einer Gesellschaft, in der nur derjenige etwas zählt, der etwas zu leisten bzw. zu schaffen imstande ist. Vielen anderen – insbesondere jungen Leuten – gilt als die erstrebenswerteste Maxime, möglichst viel Spaß und Vergnügen zu haben. Man könnte also von einer »Leistungs- und Spaßgesellschaft« sprechen, wobei die Tendenz wohl immer mehr von der Leistungs- zur Spaßgesellschaft zu gehen scheint. Unabhängig davon, ob jemand nun etwas schaffen möchte oder ob er seinen Spaß haben möchte, muss vorausgesetzt werden, dass er ›funktioniert‹. Er muss fit sein und kann sich keine Unpässlichkeiten leisten. Tag für Tag gaukeln uns die unterschiedlichsten Werbespots vor, dass ein Mensch nur dann ein lebenswertes Leben führen könne, wenn er fit, agil und aktiv sei. Da liegt es auf der Hand, dass man schon bei kleineren Wehwehchen schnell zur Schmerztablette greift. Die Fähigkeit und die Bereitschaft, ein gewisses Maß an Schmerzen bewusst auszuhalten, ist heute nicht mehr stark ausgeprägt. Die meisten Zahnärzte dürften wohl bestätigen, dass die überwiegende Mehrheit der Patienten um eine lokale Anästhesie bittet, wenn es lediglich darum geht, eine kleine Aushöhlung für eine Füllung in einen Backenzahn zu bohren. Wie sollte da jemand, der an Krebs im Endstadium leidet und wirklich ›unerträgliche‹ Schmerzen hat, ohne ein starkes Schmerzmittel zurechtkommen?

Nun muss man aber – ohne schon auf spirituelle Aspekte eingehen zu müssen – konstatieren, dass die Schmerzsensibilität individuell sehr unterschiedlich ausgeprägt sein kann. Es gibt Menschen, die schon bei geringen Kopfschmerzen völlig handlungsunfähig sind oder zu sein glauben, während andere noch mit einer mittelschweren Migräne ihrem Tagwerk nachgehen. Nun darf man sicherlich Kopfschmerzen nicht auf eine Stufe mit den krassen Schmerzen stellen, die jemand im Endstadium einer Krebserkrankung hat. Dennoch dürfte es Menschen geben, die auch solche Schmerzen wegstecken und trotzdem noch eine angemessene Verabschiedung aus ihrem Lebensumkreis schaffen. Man sollte im Zusammenhang mit Schmerzen auch vorsichtig mit dem Attribut »unerträglich« sein. Aufgrund der von Mensch zu Mensch sehr unterschiedlichen Schmerzsensibilität kann ein bestimmtes Maß an Schmerzen, das viele als unerträglich oder gar vernichtend empfinden, für den einen oder anderen durchaus noch erträglich sein. Manchmal sind die Sterbenden sogar bereit, auf eine Schmerzbehandlung zu verzichten und die Schmerzen zu ertragen. Letztlich beugen sie sich aber dem Wunsch ihrer Angehörigen, die für eine solche Therapie plädieren, weil *diese* es nicht aushalten können, den lieben Sterbenden stöhnend und mit schmerzverzerrter Miene erleben zu müssen.

Wie sind nun Schmerzen und Leiden aus spiritueller Sicht zu werten? Wie wir ja schon gesehen haben, ist es der Astralleib, der die Schmerzen empfindet. Natürlich bedarf der *verkörperte* Mensch des Nervensystems, damit die Schmerzen die Bewusstseinsschwelle überschreiten können. Wenn nun im physischen Leib – sagen wir im Bereich des Magens – ein Defekt oder eine Unregelmäßigkeit auftritt, so kann der Äthermagen nicht mehr in der rechtmäßigen Weise das tun, was seine Aufgabe ist. Diese Unmöglichkeit, organisierend einzugreifen, empfindet der entsprechende Teil des Astralleibes als Schmerz. Jede unterdrückte Tätigkeit im gesamten Kosmos führt zu Schmerz.[35]

Am Rande sei noch kurz erwähnt, dass sich auf diese Weise auch die sogenannten »Phantomschmerzen« erklären lassen. Es gibt viele Menschen, die oftmals noch Jahre, nach denen ihnen ein Körperglied amputiert werden musste, an der jeweiligen Stelle Schmerzen verspüren. Das entsprechende Ätherglied ist natürlich immer noch da und umfasst das verlorene physische Glied. Es kann jetzt aber nicht mehr in der gewohnten Art eingreifen und wirken. Das wiederum empfindet der Astralleib als Schmerz.

Mit den Schmerzen verhält es sich ähnlich wie mit dem Tod. Aus unserer begrenzten irdischen Sicht erscheinen sie uns als etwas

Schreckliches und Furchterregendes, als etwas, das es mit aller Macht zu bekämpfen gilt. Gerade in unseren Tagen gibt es einige Forscher, welche die Unsterblichkeit des physischen Menschen als möglich erachten und diese regelrecht anstreben Den guten Göttern zum Dank muss man doch wohl konstatieren, dass an der Sterblichkeit des Menschen nicht gerüttelt werden kann. Es ist ein Segen, dass wir sterben dürfen; ansonsten würden wir uns immer mehr von allem Geistigen entfernen und entfremden. Den Tod kann also letztlich kein Arzt erfolgreich bekämpfen. Das mögen einige Mediziner als eine Niederlage auffassen. Also investieren sie ihre ganze Kraft, um zumindest das andere ›Übel‹, also die Schmerzen, zu bekämpfen.

Aus spiritueller Sicht, aus der Warte der geistigen Welt, sind aber Schmerzen *kein* Übel. Der Schmerz ist ein für die Entwicklung notwendiger Faktor. Würden wir niemals Schmerzen erleiden, so ginge es uns wie einem Kind, das weder laufen lernen noch zu seinem Ich-Bewusstsein finden könnte, wenn es bei seinen ersten Laufversuchen nicht häufig hinfallen oder an etwas anstoßen würde, wodurch es Schmerzen empfindet.[36] Jedes Leid bereitet eine Entwicklung und Reifung vor, deren fruchtbare Auswirkungen sich noch im selben Leben, im Leben zwischen Tod und neuer Geburt oder im nächsten Erdenleben zeigen.

Nun könnte ja jemand einwenden, das sei alles ganz gut und schön, aber deshalb müsse doch ein Mensch nicht noch in seinen letzten Lebenstagen Schmerzen ertragen. Die Frage ist nun: Was geschieht mit den Schmerzen, die durch entsprechend verabreichte Mittel ›verschwinden‹? Verschwinden sie wirklich? Das ist eigentlich kaum anzunehmen. Die Physik lehrt, dass Kräfte oder Energien niemals verschwinden, sondern lediglich eine andere Form annehmen bzw. umgewandelt werden. Rudolf Steiner sagte, dass jeder anästhesierte körperliche Schmerz in einen *seelischen Schmerz* verwandelt werde.[37] Damit ist natürlich nichts gegen die Notwendigkeit und absolute Berechtigung einer Anästhesie – etwa vor einem operativen Eingriff – gesagt.

Wenn nun also ein Sterbender die durch seine Krankheit bedingten körperlichen Schmerzen auszuhalten bereit ist, so ist gewiss, dass diese nach dem Tod, nachdem also der physische Leib abgelegt worden ist, verschwunden sind. Sind diese Schmerzen aber durch eine Schmerztherapie betäubt und in seelische Schmerzen verwandelt worden, so ist anzunehmen, dass er diese nach dem Übergang noch eine Zeit lang empfindet, was ihm die erste Zeit nach dem Tod erschweren *könnte*. Es gibt Menschen, die in ihren letzten Lebenstagen ganz bewusst ihre Schmerzen ertragen wollen, weil sie *instinktiv* spüren, dass damit ein Sinn verbunden ist. Einige berichten glaubhaft, dass ihnen gerade in den Augenblicken, in denen die Schmerzen unerträglich zu werden drohten, der Christus begegnet sei. Er hat sich durch sein Leiden und seinen Tod ganz eng und unverbrüchlich mit dem Leiden und Sterben der Menschen verbunden. In solch kritischen Situationen kann man sich ihm also besonders nah fühlen.

Wie Iris Paxino aufgrund ihrer jahrelangen übersinnlichen Erfahrungen mit Verstorbenen mitteilt, kann sich nach dem Tod eines Menschen, dem zuvor starke bewusstseinsdämpfende Medikamente verabreicht wurden, noch ein anderes Problem ergeben: *»Die betroffenen Menschen befinden sich in einem schlafenden oder schläfrigen Zustand und haben keinen Zugriff mehr auf ihr Bewusstsein. Somit bemerken sie im Augenblick des Todes gar nicht den vollzogenen Ebenenwechsel. Sie ›verschlafen‹ also ihren eigenen Tod.«*[38]

Zu dieser misslichen Situation kann es im Übrigen auch bei Menschen kommen, die drogenabhängig oder über lange Zeiten bettlägerig waren und dadurch den Bezug zu Raum und Zeit verloren haben. Diese können genau wie Menschen, die zu Lebzeiten nichts von einem Leben nach dem Tod wissen wollten, sogar zu sogenannten »erdgebundenen« Seelen werden, die eine Zeit lang an die physische Welt gekettet bleiben, bevor sie in die höheren Sphären aufsteigen können.

Kommen wir jetzt wieder auf den Boden unserer gesellschaftlichen Realität zurück. Auch wenn es als ein spirituelles Ideal aufgefasst werden könnte, dass ein Mensch selbst in der finalen Phase seines Lebens bestrebt sein sollte, seine Schmerzen – wenigstens bis zu einem gewissen Grad – zu ertragen, darf nicht übersehen werden, dass die weitaus meisten Menschen noch nicht so weit sind, dieses einsehen und aushalten zu können. Für diese Menschen stellen die Möglichkeiten der Palliativmedizin in der Tat einen großen Verdienst dar. Es wäre allerdings wünschenswert, wenn ein Arzt oder ein Begleiter sehr sensibel mit dieser Thematik umgehen würde. Man sollte vielleicht einem Sterbenden eine Schmerztherapie nicht *unbedingt* empfehlen oder gar aufdrängen. In vielen Fällen kann man ein Gespür dafür entwickeln, bis zu welchem Grad jemand noch stark genug und vor allem bereit ist, seine Schmerzen auszuhalten. Besonders ältere Leute, die es in ihren jüngeren Jahren noch gelernt haben, bei gewissen Schmerzen auf die Zähne zu beißen, anstatt zur Schmerztablette zu greifen, sind oftmals fähig, auch jetzt noch zumindest ein *gewisses Maß* an Schmerzen ertragen zu können. Man sollte also vielleicht mit der Schmerzbehandlung zumindest so lange warten, bis der Betreffende an die Grenze seiner subjektiven ›Schmerzerträglichkeit‹ angestoßen ist. Insbesondere sollten die Angehörigen sich hinterfragen, ob sie um eine Schmerztherapie bitten, weil sie den Eindruck haben, dass der Sterbende seine Schmerzen nicht mehr aushalten kann und will, oder ob sie es nur deshalb tun, weil *sie selbst* dessen Leiden nicht ertragen wollen oder können.

Was nach Möglichkeit unbedingt vermieden werden sollte, ist eine ›finale Sedierung‹, also eine Verabreichung von Medikamenten, die das Bewusstsein kurz vor Eintritt des Todes *komplett* betäuben. Nur wenn auf eine solche Sedierung verzichtet wird, kann es dem Patienten möglich sein, den Schwellenübergang unter der so wichtigen Aufrechterhaltung seines Bewusstseins zu vollziehen. Es empfiehlt sich, im Familienkreis beizeiten darüber zu reden und sich auf ein gemeinsames Vorgehen zu einigen sowie den Arzt bzw. die Palliativkraft davon in Kenntnis zu setzen.

4.5 Aktive Sterbehilfe

Ohne jeden Zweifel gibt es zahlreiche Patienten, die ihr Leben kaum mehr ertragen können, weil sie an einer schlimmen unheilbaren Krankheit leiden, die zu so starken Beeinträchtigungen und extremen Schmerzen führt, dass diese auch durch die Möglichkeiten, welche die Palliativmedizin bietet, nicht mehr in erträglichen

Grenzen gehalten werden können, oder weil sie nahezu bewegungsunfähig sind und nur noch im Bett liegen können und von anderen Menschen wie ein Säugling gepflegt werden müssen.

Selbst wenn diese Menschen dem Sterben noch nicht sehr nahe sind, ist es aus *weltlicher* Sicht durchaus verständlich, dass manche von ihnen ihr leid- und qualvolles Leben nicht mehr aushalten können und den Tod herbeisehnen, dass sie von ihren Leiden erlöst werden wollen. In einigen europäischen Ländern, so in den Niederlanden, in Luxemburg und in Belgien, ist die sogenannte »aktive Sterbehilfe« schon vor Jahren legalisiert und zu einer ganz üblichen Praxis geworden. Hierunter versteht man, dass einem Patienten, der ausdrücklich nach der Tötung seiner selbst verlangt, eine tödliche Substanz durch einen anderen Menschen, bei dem es sich im Normalfall um einen Arzt handelt, verabreicht oder injiziert wird, wodurch unmittelbar der Tod herbeigeführt wird. Wie Statistiken zeigen, werden es von Jahr zu Jahr mehr Patienten, die in diesen Ländern um aktive Sterbehilfe bitten. So stieg in den Niederlanden die Anzahl der Menschen, die sich auf diese Art ›ins Jenseits katapultieren‹ ließen, von ca. 1.900 im Jahre 2007 auf über 6.000 im Jahre 2019.

Bei der aktiven Sterbehilfe muss man eigentlich von einem ›Einschläfern‹ sprechen, wie es bei Tieren üblich und auch durchaus vernünftig ist, um sie von Leiden zu erlösen. Dass viele diese Vorgehensweise auch bei einem Menschen für angemessen halten, zeigt wieder einmal, dass im Unterbewusstsein zahlreicher Zeitgenossen die absurde Ansicht, der Mensch wäre nichts weiter als ein hochentwickeltes Tier, fest verankert ist. Wie bei so vielen anderen Themen auch kann man bei der aktiven Sterbehilfe nur dann zu einem *wirklichen* Urteil gelangen, wenn man die spirituellen Hintergründe kennt. Es ist verständlich, dass jemandem, der nicht an ein Leben nach dem Tod glaubt, die aktive Sterbehilfe als ein Ideal erscheint. Das Gleiche gilt für jemanden, der zwar an ein Leben nach dem Tod glaubt, aber keine Ahnung davon hat, wie das postmortale Leben verläuft, wie sich diese Art des *widernatürlichen* Sterbens auf das nachtodliche Leben auswirken kann.

Was das nachtodliche Schicksal eines Menschen, der auf diese angeblich so humane Weise entleibt wird, anbelangt, lässt der Bericht

des niederländischen Arztes Dr. Zoltán Schermann in ganz beson-
derer Weise aufhorchen. Dr. Schermann sprach in einem Vortrag am
16. November 2014 in Dornach im Rahmen einer Ärztetagung über
eine ganz außergewöhnliche Erfahrung, die er mit der aktiven Sterbehilfe machte.

Er schilderte zunächst, dass in seiner langjährigen Praxis als Hausarzt die Frage oder gar der Wunsch nach aktiver Sterbehilfe regel-
mäßig aufgetaucht sei, die er als Anthroposoph stets mit einem kla-
ren »Nein« beschieden habe. Im Rahmen seiner ärztlichen Tätigkeit
hat Dr. Schermann natürlich sehr viele Menschen sterben sehen. Da
er einen gewissen Grad an Hellsichtigkeit aufweist, konnte er stets
imaginativ wahrnehmen, wie sich im Augenblick des *natürlichen*
Todes der Ätherleib vom physischen Leib trennt. Er beschrieb
diesen Prozess folgendermaßen: *»Wenn ich den Ätherleib anschaue,
kann ich wahrnehmen, dass der Ätherleib genauso groß oder vielleicht etwas größer ist als der physische Leib. Physischer Leib und
Ätherleib sind in meiner Anschauung fast gleich groß. Das ist während des ganzen Lebens so. Während meiner Arbeit als Hausarzt
habe ich etliche Male das Sterben eines Menschen miterleben
können, meistens nach einer tödlichen Krankheit. Immer habe ich
wahrnehmen können, dass der Ätherleib im Sterbemoment sich auf
eine bestimmte Art ändert. In dem Moment, da die Seele den Körper
verlässt, ändert sich der Ätherleib. Er dehnt sich einigermaßen,
sodass er sich über den physischen Leib ausdehnt, aber die Form
des menschlichen Leibes beibehält. Ungefähr auf Nabelhöhe beginnt
der Ätherleib sich zusammenzuziehen und gleich einem Faden auf-
zusteigen, aufzuströmen. Als dünner Faden fließt der Ätherleib hin-
auf und verschwindet irgendwo in der Höhe.«*[39]

Dann erläuterte Zoltán Schermann, wie die aktive Sterbehilfe in
Holland konkret durchgeführt wird: *»Es ist genau vorgeschrieben,
wie der Arzt vorzugehen hat. Man muss dazu zwei Medikamente verwenden, welche sonst für die Narkose und bei Operationen verwendet werden. Das eine, Thiopental, ist ein Barbiturat, während das
andere, Rocuronium, ein muskelrelaxierendes Mittel ist. Zuerst wird
eine sehr hohe Dosis (2 Gramm) Thiopental eingegeben. Damit wird
eine Narkose induziert. Danach wird ebenfalls intravenös eine sehr*

hohe Dosis Rocuronium gespritzt. Bald nach der Eingabe dieser
Mittel stirbt der Patient.«[39]

Nachdem Dr. Schermann sich jahrelang geweigert hatte, Patienten
den Wunsch nach aktiver Sterbehilfe zu erfüllen, gab er in einem
Fall nach. Diese Patientin befand sich in einer derart unerträglichen
und ausweglosen Lage, wie man sie sich kaum vorstellen kann und
wie sie nur ganz wenige Menschen jemals ertragen müssen. Nach
reiflicher Überlegung und vielen Gesprächen mit ihr und ihrem
Gatten entschied er sich dann doch, die tödliche Spritze zu inji-
zieren. Anschließend wartete er auf den Sterbemoment und auf das,
was passieren würde. *»Da geschah aber etwas völlig anderes, als*
was ich erwartet hatte. Statt dem leisen Lösen des Ätherleibes, wie
ich es vorher beschrieben habe, quoll der Ätherleib auf. Wuchtvoll
quoll er auf und explodierte in zahllose Stücke. Das Zimmer war voll
von schimmernd leuchtenden und durcheinander wirbelnden Fetzen.
Der Vorgang dauerte nur kurz, weniger als eine Minute, dann löste
sich alles auf und verschwand.« Dann fuhr er fort: *»Man glaubt,*
barmherzig zu sein, jemandem zu helfen, der sein Leiden an der
Krankheit nicht mehr ertragen kann. Und nachher sollen alle zufrie-
den sein. Ihr Mann ist es bis heute. Aber tatsächlich passiert etwas
völlig anderes. Man tut etwas, was äußerlich gesehen hilfreich und
human erscheint. Was passiert aber? Dieser Mensch wird ohne
nachtodliche Erinnerung, ohne nachtodliches Lebenspanorama und
ohne geistiges Licht in den Kosmos katapultiert, weil sein Ätherleib
explodiert.«[39]

Es geschah aber noch mehr, wie Zoltán Schermann weiter schilderte: *»Auf einmal wurde ich einer Engelgestalt gewahr. Sie stand links*
neben der toten Frau. Eine hohe und ernste Gestalt, furchterregend
und machtvoll. Ich konnte spüren, wie seine Kraft und Macht über
die menschliche Kraft weit hinausragte und damit nicht zu vergle-
chen war. [...] Es war mir klar, er hatte darauf gewartet, dass ich
ihn bemerkte. Er sagte aber nichts, schaute mich nur ernst an. Es
wurde mir dadurch klar, dass ich sein Werk durchkreuzt hatte. Er
trat auf mich zu, streckte seine Hand aus und zeigte auf mich. Und
er schrieb in mir. Ich spürte, dass er in meine Knochen schrieb. Er
sah auf mich, prägte etwas in meine Knochen und verschwand dann.

In diesem Moment hatte ich gar nicht verstanden, was er in meine Knochen geschrieben hatte. Aber ich fühlte mich irgendwie schon erleichtert, dass er das getan hatte. Ich spürte wörtlich bis in meine Knochen, dass ich einst die Chance bekommen würde, hier etwas wieder gutzumachen. Die Fäden sind schon gesponnen. Er wird uns [in einem nächsten Erdenleben] *zusammenbringen. Ich habe die Überzeugung, dass das Explodieren des Ätherleibes unmittelbar zu tun hat mit diesen Medikamenten. In allen anderen Situationen, in denen es mal notwendig war, im Endstadium der Krankheit auch schulmedizinische Medikamente zu verwenden, habe ich nie etwas dergleichen gesehen. Ich meine zum Beispiel Morphin, starke Schlafmittel, Beruhigungsmittel etc. Hier* [bei der Prozedur der aktiven Sterbehilfe] *kann man sehr genau erkennen, wie das Ahrimanische wirkt. Die Gesellschaft entwickelt eine Prozedur, ein System. Man hat ein genau festgelegtes Verfahren, das ordentlich aussieht und sogar gesetzlich anerkannt ist. Es ist eine Prozedur, die eine Lösung bietet für aussichtsloses Leiden. Sie ist sowohl effektiv, zuverlässig und elegant als auch intelligent, vernünftig und sauber. Wer kann da überhaupt etwas dagegen haben? – Aber im Verborgenen, im Unsichtbaren passiert etwas ganz anderes. Die Menschen, die diesem Verfahren ausgesetzt sind, werden aus ihrem Karma gestoßen, verirren sich im nachtodlichen Bereich. Das Ahrimanische wirkt umso mehr, weil die Prozedur zwingend vorschreibt, dass genau die Mittel verwendet werden müssen, welche das Auseinandersprengen des Ätherleibes bewirken. Aber gerade die materialistische Weltanschauung wird dies nie bemerken. Man kann auch beobachten, wie das System sich verselbständigt und ausdehnt. Es gleicht der computergesteuerten Automatisierung, die niemand aufhalten kann.«*[39]

Möglicherweise werden dieses ›Explodieren‹ des Ätherleibes und die daraus resultierenden dramatischen Folgen für das nachtodliche Leben von der konkreten tödlichen Substanz, die dem Menschen injiziert wird, abhängig sein und somit *nicht* in jedem Fall eintreten.

Zum Abschluss seines Vortrages stellte Dr. Schermann eine ganz zentrale Frage in den Raum: »*Wie könnte Sterbehilfe im richtigen Sinne aussehen? Nicht den Tod herbeizuführen, sondern jemandem so beizustehen, dass er im Stande ist, vertrauensvoll und im richti-*

gen Moment seinen physischen Körper abzulegen. Das ist bestimmt nicht nur eine medizinische Frage. Ich denke, dass es sehr notwendig ist, ein Gegengewicht zur aktiven Sterbehilfe zu schaffen.«[39]

Dieser Vortrag Dr. Schermanns, der im Oktober 2017 in der Zeitschrift *»Der Europäer«* (Jahrgang 21, Nr. 12) ungekürzt veröffentlicht wurde, sollte zur *Pflichtlektüre* aller Menschen, welche die aktive Sterbehilfe befürworten, und insbesondere für alle Ärzte, die sie praktizieren, erklärt werden. Nun ja, falls diese Materialisten sind, werden sie die Ausführungen wohl für einen Unsinn halten...

Es sei noch kurz erwähnt, dass die aktive Sterbehilfe in Deutschland noch verboten ist. Seit einem Urteil des Bundesverfassungsgerichts aus dem Jahre 2020 ist allerdings die »Beihilfe zur Selbsttötung«, die man auch »assistierter Suizid« nennt, legal. In der Schweiz ist diese Form der Sterbehilfe schon vor Jahrzehnten legalisiert worden. In diesem Fall wird die tödliche Substanz *nicht unmittelbar* durch eine andere Person verabreicht oder injiziert. Der Patient wird lediglich bei seinem Suizid durch einen Anderen unterstützt, der ihm das tödliche Medikament anreicht, so dass er es dann eigenständig einnehmen kann.

Im Grunde handelt es sich hierbei um eine bestimmte Form eines Selbstmords, der im nachtodlichen Leben große Probleme nach sich ziehen dürfte.

✳ ✳ ✳ ✳ ✳ ✳ ✳ ✳ ✳ ✳ ✳ ✳ ✳ ✳ ✳ ✳ ✳ ✳ ✳

Wenngleich die Begleitung eines Sterbenden für die Begleiter eine große Herausforderung und Belastung darstellen kann, so kann es doch grundsätzlich eine ganz wunderbare Aufgabe sein, einen Mitmenschen in seinen letzten Tagen und Stunden vor dem Schwellenübergang beistehen zu dürfen. Es ist eine Aufgabe, an der die Begleiter wachsen und reifen können.

Elisabeth Kübler-Ross, die viele tausend Stunden an den Betten unzähliger Sterbender saß, sie betreute und tröstete, sagte am Ende eines ihrer Vorträge dazu: *»Zum Schluss möchte ich Ihnen noch ver-*

sichern, dass es ein Geschenk ist, am Bett von Sterbenden zu sitzen, dass das Sterben keine traurige und furchtbare Angelegenheit sein muss, dass Sie dabei ganz, ganz herrliche, liebe Dinge erleben kön- nen.«[40]

Quellennachweis

Bei den Werken Rudolf Steiners sind hier die offiziellen Nummern der Gesamtausgabe (GA-Nr.) verwendet worden. Die kompletten Angaben zu allen Werken, soweit sie für dieses Buch relevant waren, finden Sie im Literaturverzeichnis.

1 Hausen, S. 102
2 vgl. Hausen, S. 103f.
3 Moody, S. 69
4 Sabom, S. 70f.
5 vgl. Lenz, S. 35f.
6 Paxino, S. 28
7 https://www.der-familienstammbaum.de/mementomori/sterbebett-visionen/ (17.02.2025)
8 https://dieter-jenz.de/lc/berichte-individueller-sterbebettvisionen/ (17.02.2025)
9 Ladwein, S. 30
10 Allgeier, S. 91f.
11 Alexander, S. 196f.
12 vgl. Kübler-Ross, S. 50f.
13 Kübler-Ross, S. 49
14 vgl. Kübler-Ross, S. 90ff.
15 Fenwick, S. 6
16 Ladwein, S. 29
17 Paxino, S. 26f.
18 Ladwein, S. 31
19 Paxino, S. 27
20 https://forum.pflegenetz.net/pflege-und-begleitung-sterbender-f27/sterbebettvisionen-und-andere-phaenomene-t23664.html (17.02.2025)
21 Ladwein, S. 151f.
22 Ladwein, S. 152f.
23 Paxino, S. 37
24 Paxino, S. 36f.
25 Kübler-Ross, S. 48
26 Steiner, GA 224, S. 57
27 Steiner, GA 99, S. 38
28 Ritchie, S. 46ff.
29 Justen, S. 215f.
30 Steiner, GA 143, S. 49f.

31 https://www.aphorismen.de/zitat/63154 (17.02.2025)
32 Steiner, GA 112, S. 114
33 von Engelhardt, S. 140
34 vgl. Steiner, GA 178, S. 58ff.
35 vgl. Steiner, GA 107, S. 67f.
36 vgl. Steiner, GA 52, S. 182f.
37 vgl. Steiner, GA 125, S. 46
38 Paxino, S. 48
39 Zeitschrift *»Der Europäer«* (Jahrgang 21, Nr. 12, Oktober 2017)
40 Kübler-Ross, S. 29f.

Literaturverzeichnis

I. Werke von Rudolf Steiner

Alle Werke von Rudolf Steiner wurden herausgegeben von der
»Rudolf Steiner-Nachlassverwaltung« und sind im *»Rudolf Steiner
Verlag«*, Dornach/Schweiz erschienen. Dort kann auch der *»Katalog
des Gesamtwerks«* angefordert werden. Die bisher im Rahmen der
Gesamtausgabe des Werkes Rudolf Steiners erschienenen Bücher
sind durch die *»Freie Verwaltung des Nachlasses von Rudolf Steiner«* im Internet unter

http://www.steiner.wiki/Die_Rudolf_Steiner_Gesamtausgabe

frei verfügbar. (Stand 08.02.2025)

Im Folgenden sind nur diejenigen Werke aufgeführt, die der Verfasser für dieses Buch herangezogen hat.

GA   52   *Spirituelle Seelenlehre und Weltbetrachtung.* (1903/04) 1986
GA   99   *Die Theosophie des Rosenkreuzers.* (1907) 1985
GA 107 *Geisteswissenschaftliche Menschenkunde.* (1908/09) 1988
GA 112 *Das Johannes-Evangelium im Verhältnis zu den drei anderen
Evangelien besonders zu dem Lukas-Evangelium.* (1909) 1984
GA 125 *Wege und Ziele des geistigen Menschen – Lebensfragen im
Lichte der Geisteswissenschaft.* (1910) 1992
GA 143 *Erfahrungen des Übersinnlichen – Die drei Wege der Seele zu
Christus* (1912) 1994
GA 178 *Individuelle Geistwesen und ihr Wirken in der Seele des
Menschen.* (1917) 1992
GA 224 *Die menschliche Seele in ihrem Zusammenhang mit göttlich-
geistigen Individualitäten – Die Verinnerlichung der
Jahresfeste.* (1923) 1992

II. Werke anderer Autoren

Alexander, Eben: *Blick in die Ewigkeit – Die faszinierende Nahtoderfahrung eines Neurochirurgen.* München: Heyne 2016

Allgeier, Kurt: *Und den Himmel gibt es doch!* Knaur 1990

von Engelhardt, Wilfried und Evamaria und Gutland (Herausgeber): *Brücke über den Strom – Sigwarts Mitteilungen aus dem Leben nach dem Tod.* Oratio Verlag 2018

Fenwick, Peter und Elizabeth: *The Art of Dying. A Journey to Elsewhere.* Continuum: London und New York 2008

Hausen, Ursula: *Den Tod als Freund erleben lernen – Begleitung im Sterben und darüber hinaus.* Stuttgart: Freies Geistesleben & Urachhaus 2003

Justen, Josef F.: *Spirituelle Begleitung an der Schwelle des Todes – Eine Hospizhelferin erzählt von ihren Sterbebegleitungen.* Norderstedt: BoD – Books on Demand 2020

Kübler-Ross, Elisabeth: *Über den Tod und das Leben danach.* Güllesheim: Die Silberschnur 2021

Ladwein, Michael: *Unsterblich – Über das Leben nach dem Tod.* Stuttgart: Urachhaus 2022

Lenz, Johannes: *Das Ereignis des Todes – zum Umkreis der Bestattung.* Stuttgart: Urachhaus 1997

Moody, Raymond A.: *Leben nach dem Tod – Die Erforschung einer unerklärlichen Erfahrung.* Reinbek: Rowohlt Verlag 2021

Paxino, Iris: *Brücken zwischen Leben und Tod – Begegnungen mit Verstorbenen.* Stuttgart: Freies Geistesleben 2018

Ritchie, George G.: *Rückkehr von morgen.* Marburg: Francke 2021

Sabom, Michael B.: *Erinnerungen an den Tod.* München: Wilhelm Goldmann 1982

Sprüche

Denn wenn der Tod auch Vernichtung ist,
angesehen von dieser physischen Seite
des Lebens, so ist er das Herrlichste,
das Größte, das Schönste, das Erhabenste,
was immerfort gesehen werden kann
von der anderen Seite des Lebens aus.
Da bezeugt er fortwährend den Sieg
des Geistes über die Materie.

Rudolf Steiner

Der Tod ist schrecklich oder kann wenigstens
schrecklich sein für den Menschen,
solange er im Leben weilt.
Wenn der Mensch aber durch
die Pforte des Todes gegangen ist
und zurückblickt auf den Tod, so ist der Tod
das schönste Erlebnis, das überhaupt
im menschlichen Kosmos möglich ist.

Rudolf Steiner

Der Tod macht dich so still,
dass Gott dich hören kann.
Im Tod fängt unser Ich ja erst zu klingen an.

Der Tod, was ist der Tod?
Ein Spender tiefsten Seins.
Man fällt nicht aus der Welt,
man wird mit ihr erst eins.

Theowill Uebelacker

Die Toten starben nicht. Es starb ihr Kleid.
Ihr Leib zerfiel, es lebt ihr Geist und Wille.
Vereinigt sind sie dir zu jeder Zeit
in deiner Seele tiefer Tempelstille.

In dir und ihnen ruht ein einiges Reich,
wo Tod und Leben Wechselworte tauschen.
In ihm kannst du, dem eigenen Denken gleich,
den stillen Stimmen deiner Toten lauschen.

Und reden kannst du, wie du einst getan,
zu deinen Toten lautlos deine Worte.
Unwandelbar ist unsres Geistes Bahn
und ewig offen steht des Todes Pforte.

Schlagt Brücken in euch zu der Toten Land,
die Toten bau'n mit euch am Bau der Erde.
Geht wissend mit den Toten Hand in Hand,
auf dass die ganze Welt vergeistigt werde.

Manfred Kyber

Buchempfehlungen

Das wahre Leben beginnt erst nach dem Tod

Einführung in das Thema
»Leben nach dem Tod«

© Justen, Josef F. (2024)
BoD-Books on Demand, Norderstedt
ISBN: 978-3-7583-6526-3
Paperback: 92 Seiten (14,8 × 21 cm)
7,99 € (E-Book: 4,99 €)

Die spirituelle Seite des Todes

Reinkarnation und Christentum. Leben nach dem Tod und Sinn des Lebens

© Justen, Josef F. (2024)
BoD-Books on Demand, Norderstedt
ISBN: 978-3-7597-4954-3
Paperback: 582 Seiten (17 × 22 cm)
21,99 € (E-Book: 8,99 €)

✳ ✳ ✳ ✳ ✳ ✳ ✳ ✳ ✳ ✳ ✳ ✳ ✳ ✳ ✳

Verschaffen Sie sich selbst einen ersten Eindruck, indem Sie die sehr ausführlichen Leseproben auf unserer Autoren-Website studieren.

www.Justen-Buecher.com